Jürgen Strohhecker

Wissenschaftlich Arbeiten

Techniken und Konventionen

Bibliografische Information Der Deutschen Nationalbibliothek
Die Deutsche Nationalbibliothek verzeichnet diese Publikation in der Deutschen Nationalbibliografie;
detaillierte bibliografische Daten sind im Internet über http://dnb.d-nb.de abrufbar.

Besuchen Sie uns im Internet: http://www.frankfurt-school-verlag.de

Das Werk einschließlich aller seiner Teile ist urheberrechtlich geschützt. Jede Verwertung außerhalb der engen Grenzen des Urheberrechtsgesetzes ist ohne Zustimmung des Verlages unzulässig und strafbar. Das gilt insbesondere für Vervielfältigungen, Mikroverfilmungen und die Einspeicherung und Verarbeitung in elektronischen Systemen.

Printed in Germany

ISBN 3-937519-27-0

3., überarbeitete Auflage 2010 © Frankfurt School Verlag GmbH, Sonnemannstraße 3-5, 60314 Frankfurt am Main
Coverfoto: Caro Fotoagentur

Inhaltsverzeichnis

1 Schriftliche wissenschaftliche Arbeiten 17
    1.1 Arten von wissenschaftlichen Arbeiten 17
        1.1.1   Wissenschaftliche Prüfungsarbeiten 18
        1.1.2   Wissenschaftliche Aufsätze 23
        1.1.3   Wissenschaftliche Monografien und
                    Herausgeberwerke 23
        1.1.4   Forschungsberichte 24
    1.2 Charaktere wissenschaftlicher Arbeiten 25
        1.2.1   Literaturzentrierte Arbeiten 25
        1.2.2   Explorative und deskriptive Arbeiten 25
        1.2.3   Theoriebildende und -prüfende Arbeiten 26
        1.2.4   Methodische Arbeiten 28

2 Planen 29
    2.1 Zeitplanung 29
    2.2 Ressourcenplanung 35
    2.3 Kostenplanung 37

3 Recherchieren 39
    3.1 Rechercheobjekte – Für wissenschaftliche Arbeiten relevante
        Publikationen 39
    3.2 Rechercheinstrumente – Hilfsmittel zur Literaturrecherche 46
        3.2.1   Bibliografien 47
        3.2.2   Bibliothekskataloge 53
        3.2.3   Literaturdatenbanken 60
        3.2.4   Internetkataloge und -suchmaschinen 64
    3.3 Recherchestrategien 68
        3.3.1   Schlagwortrecherche 68
        3.3.2   Stichwortrecherche 69
        3.3.3   Schneeballprinzip und geschlossener Literaturkreis 71

Inhaltsverzeichnis

4 Strukturieren und Gliedern 73
    4.1 Strukturierungskriterien und -techniken 73
    4.2 Hinweise auf häufige Schwächen und Fehler 77
    4.3 Formale Gliederungsarten 80

5 Zitieren 83
    5.1 Was muss zitiert werden? 83
    5.2 Die Vierdimensionalität des Zitier-Problems 85
    5.3 Direkte und indirekte Zitate 88
        5.3.1   Das direkte Zitat 89
        5.3.2   Das modifizierte direkte Zitat 91
        5.3.3   Das indirekte Zitat 93
    5.4 Zitiertechniken 94
        5.4.1   Das Autor-Titel-Jahr-System 95
        5.4.2   Das Autor-Jahr-System 100
        5.4.3   Das Harvard-System 103
    5.5 Das Literaturverzeichnis 107
        5.5.1   Angaben im Literaturverzeichnis 108
        5.5.2   Besonderheiten des Autor-Titel-Jahr-Systems 112
        5.5.3   Besonderheiten des Autor-Jahr-Systems 117
        5.5.4   Besonderheiten des Harvard-Systems 120
        5.5.5   Layoutalternativen für das Literaturverzeichnis 123

6 Schreiben und Formatieren 125
    6.1 Schreibstil und -perspektive 125
    6.2 Formale Bestandteile einer wissenschaftlichen Arbeit 127
    6.3 Umfang und Format des Textes 133
    Anhang A: Beispiel für das Titelblatt einer Master-Thesis 141
    Anhang B: Beispiel für das Titelblatt einer Bachelor-Thesis 142
    Anhang C: Beispiel für das Titelblatt einer Seminararbeit 143

Abbildungsverzeichnis

Abbildung 1: Beispiel eines Projektstrukturplans für eine wissenschaftliche Prüfungsarbeit 30

Abbildung 2: Zeitplan für eine dreimonatige Prüfungsarbeit 33

Abbildung 3: Balkendiagramm des Zeitplans..34

Abbildung 4: Ressourcenplanung mit Microsoft Project...........................36

Abbildung 5: Arten von Bibliografien nach Inhalt und Zweck 47

Abbildung 6: Arten von Bibliothekskatalogen..53

Abbildung 7: Web-OPAC der Frankfurt School of Finance & Management 55

Abbildung 8: Schlagwortsuche mit dem OPAC der Bibliotheken der Johann-Wolfgang-Goethe-Universität Frankfurt am Main...69

Abbildung 9: Generische Struktur einer Prüfungsarbeit..............................74

Abbildung 10: Ausgewogene versus unausgewogene Gliederung 78

Abbildung 11: Logisch falsche und richtige Gliederung 79

Abbildung 12: Allein stehende Untergliederungspunkte 80

Abbildung 13: Nummerische Gliederungsform...81

Abbildung 14: Alphanummerische Gliederungsform 81

Abbildung 15: Typen von Zitiertechniken 87

Abbildung 16: Textauszug aus dem Buch „Einführung in die Betriebswirtschaftslehre" von Erich Gutenberg....................88

Abbildung 17: Vorlage für ein Titelblatt...128

Abbildung 18: Beispiel-Titelblatt für eine Master-Thesis 141

Abbildung 19: Beispiel-Deckblatt für eine Bachelor-Thesis 142

Abbildung 20: Beispiel-Deckblatt für eine Seminararbeit........................143

Abkürzungsverzeichnis

BVB	Bibliotheksverbund Bayern
DFG	Deutsche Forschungsgemeinschaft
FIZ	Fachinformationszentrum Karlsruhe
GBI	Gesellschaft für Betriebswirtschaftliche Information mbH
GBV	Gemeinsamer Bibliotheksverbund
GVK	Gemeinsamer Verbundkatalog
HBZ	Verbundkatalog Nordrheinwestfalen
HEBIS	Hessisches Bibliotheks-Informations-System
HTML	HyperText Markup Language
HWB	Handwörterbuch der Betriebswirtschaftslehre
KOBV	Kooperativer Bibliotheksverbund Berlin-Brandenburg
KVK	Karlsruher Virtueller Katalog
OPAC	Online Public Access Catalog, auch Online-Katalog
PDF	Portable Document Format
SWB	Südwestdeutscher Bibliotheksverbund
STW	Standard-Thesaurus Wirtschaft
URL	Uniform Resource Locator
WWW	World Wide Web
XML	Extensible Markup Language
ZBW	Deutsche Zentralbibliothek für Wirtschaftswissenschaften

Grußwort von Frankfurt School Alumni e.V. und Frankfurt School of Finance & Management | Bankakademie Alumni e.V.

Die Erstellung wissenschaftlicher Arbeiten ist wesentlicher Bestandteil sowohl eines akademischen wie auch eines berufsbegleitenden Studiums. Die Frankfurt School of Finance & Management unterstützt ihre Studierenden bereits mit der Aufnahme des Studienbetriebs in besonderer Weise bei der Erstellung solcher Arbeiten. Es werden Vorlesungen zur entsprechenden Arbeitsweise gehalten, Bibliothekseinführungen veranstaltet sowie regelmäßig aktualisierte und praxisnahe Anleitungen bereitgestellt.

Wir – die Alumni-Vereine der Frankfurt School – ergänzen und unterstützen diese Maßnahmen und stellen den Studierenden kostenlos Einstiegsliteratur in das wissenschaftliche Arbeiten zur Verfügung.

Nachdem der Frankfurt School Alumni e.V. anfänglich noch auf Literatur Dritter zurückgreifen musste, steht dafür seit 2005 ein Buch der Frankfurt School zur Verfügung. Es freut uns, dass wir dieses ab 2010 in seiner [2., aktualisierten] Auflage gemeinsam verbreiten können. Gerne geben wir daher das vorliegende Werk von Prof. Dr. Jürgen Strohhecker, Professor für Allgemeine Betriebswirtschaftslehre an der Frankfurt School und Mitglied im Frankfurt School Alumni e.V., den Studierenden unserer Alma Mater an die Hand und machen dieses darüber hinaus auch anderen Interessierten zugänglich.

Das vorliegende Buch versteht sich als praxisnahe Hilfestellung für den kompletten Erstellungsprozess einer wissenschaftlichen Prüfungsarbeit. Dabei beschränkt es sich nicht nur auf Empfehlungen, sondern liefert in den meisten Fällen auch die zugehörigen Erläuterungen und Begründungen mit. Gegenüber anderen Anleitungen zeichnet es sich insbesondere durch zwei Besonderheiten aus: Zum einen bietet es einen weit reichenden Überblick über die verschiedenen Kategorien wissenschaftlicher Quellen und unterstützt damit die Auswahl geeigneten Materials. Zum anderen erläutert es ausführlich das für Studenten oft mit großen Unsicherheiten behaftete Zitieren und bietet eine parallele Darstellung dreier gebräuchlicher Systeme.

Wir sind überzeugt, dass dieses Buch als Wegweiser und Hilfestellung bei der Bearbeitung von wissenschaftlichen Fragestellungen gute Dienste leisten wird. Allen Lesern wünschen wir eine anregende Lektüre und viel Erfolg beim Erstellen ihrer Arbeiten!

Frankfurt am Main, im Juni 2010

Laura Wirtz, Vorsitzende des Vorstandes des Frankfurt School Alumni e.V.

Gunnar Glaubitt, Vorsitzender des Vorstandes des Frankfurt School of Finance & Management | Bankakademie Alumni e.V.

Über den Frankfurt School Alumni e.V.

Der Frankfurt School Alumni e.V. wurde bereits 1996 unter dem Namen HfB Alumni e.V. von Absolventen des ersten Abschlussjahrgangs der damaligen Hochschule für Bankwirtschaft (HfB) in Frankfurt am Main gegründet. Mit mittlerweile ca. 1.200 Mitgliedern (Stand: 12/2009) repräsentiert der Verein über 50% aller Absolventen der akademischen Studiengänge an der heutigen Frankfurt School of Finance & Management.

Die Ziele des Vereins sind die Förderung des Kontaktes und des Erfahrungsaustauschs zwischen Absolventen, Studenten und Dozenten sowie die Unterstützung von Wissenschaft, Forschung und Lehre an der Frankfurt School. Dies umfasst neben themenbezogenen Arbeitskreisen und netzwerkbildenden Aktivitäten auch die aktive Beteiligung an der Hochschulentwicklung und die finanzielle Unterstützung der Hochschule und der Studentenschaft.

Der Frankfurt School Alumni e.V. bereichert das studentische Leben an der Frankfurt School. Neben der Förderung studentischer Initiativen und der Auszeichnung von herausragendem ehrenamtlichem Engagement wird bereits bei Studienbeginn eine Hilfestellung zum wissenschaftlichen Arbeiten zur Verfügung gestellt. Mitglieder des Absolventenvereins engagieren sich auch in Tutorien, in Vorlesungen als Gastredner oder Lehrbeauftragte sowie als Mentoren. Darüber hinaus stellt der Frankfurt School Alumni e.V. unter www.fs-family.de das „Family Portal" zur Verfügung, ein webbasiertes „Social Network", über das auch die Studierenden während ihrer gesamten Studienzeit die Möglichkeit haben, wertvolle Kontakte zu den Alumni zu knüpfen.

Der Frankfurt School Alumni e.V. ist Gründungsmitglied der Dachvereinigung der Absolventenvereinigungen im deutschsprachigen Raum, alumni-clubs.net.

Kontakt zum Frankfurt School Alumni e.V.: office@fs-alumni.net

Website: www.fs-alumni.net

Über den Frankfurt School of Finance & Management | Bankakademie Alumni e.V.

Im Frühjahr 2002 wurde in Frankfurt am Main von Absolventen der damaligen Bankakademie der Bankakademie Management Alumni e.V. als gemeinnütziger Verein gegründet. Im Jahr 2007 erfolgte die Neuausrichtung und Umbenennung des Netzwerkes in Frankfurt School of Finance & Management | Bankakademie Alumni e.V.

Der Verein organisiert sich deutschlandweit in regionalen Förderkreisen und ist mittlerweile in 13 Regionen vertreten. In den Jahren 2002 und 2003 entstanden Förderkreise in Frankfurt, Berlin, Köln/Bonn und Hamburg. Weitere Förderkreise wurden in den Jahren 2004 und 2005 gegründet: Düsseldorf/Ruhr, Hannover, Bremen, Mannheim, Stuttgart, Ulm, München. Ende des Jahres 2004 fusionierten die beiden Förderkreise Düsseldorf/Ruhr und Köln/Bonn und wurden in Rheinland umbenannt. Dieser neue Förderkreis betreut seither die Studienstandorte Köln, Bonn, Düsseldorf und Koblenz. Im Jahr 2007 kam der Standort Trier dazu, 2008 folgte Dortmund und 2009 die Förderkreisgründung in Sachsen.

Durch die starke Präsenz vor Ort kann der Verein ein kontinuierliches Mitgliederwachstum verzeichnen. Der Verein hat mittlerweile rund 1.100 Mitglieder (Stand 03/2010). Diese sind bei Genossenschaftsbanken, Großbanken, Privatbanken, Sparkassen, Unternehmensberatungen, Wirtschaftsprüfungsgesellschaften und in anderen Bereichen der Finanz- und Kreditwirtschaft tätig. Neben den Absolventen des Management-Studienganges können auch Absolventen der berufsbegleitenden Studiengänge wie z.B. Financial Planner, Ship Finance und Estate Plannern sowie Absolventen der akademischen Studiengänge der Frankfurt School Mitglied werden.

Ziel des Vereins ist es, eine persönliche Beziehung und den gemeinsamen beruflichen Austausch zwischen den Absolventen untereinander und der Frankfurt School zu fördern. Das Alumni-Leben an den einzelnen Standorten umfasst neben den regelmäßigen Alumni-Stammtischen vor allem Veranstaltungen (Bankers' Lounge) mit namhaften Vertretern aus der Politik und Wirtschaft die unseren Mitgliedern interessante Vorträge bieten und für Fragen und Diskussionen zur Verfügung stehen. Neben der Forcierung des Austauschs innerhalb der regionalen Alumni-Förderkreise findet einmal jährlich ein „Alumni-Come-Together" statt, welches in rollierendem Wechsel von den Förderkreisen ausgerichtet wird. Dies intensiviert die Pflege eines förderkreis- und regionenübergreifenden Netzwerks.

Kontakt zum Frankfurt School of Finance & Management |Bankakademie Alumni e.V.: mitgliederverwaltung@fs-alumni.de

Website: www.fs-alumni.de

Grußwort von Ingolf Jungmann und Hartmut Kliemt
Vizepräsidenten der Frankfurt School of Finance & Management
Bankakademie | HfB

Das vorliegende Buch vermittelt Studierenden in übersichtlicher, klar strukturierter Weise und dabei auf das Wesentliche konzentriert das Handwerkszeug, das für die erfolgreiche Erstellung wissenschaftlicher Prüfungsarbeiten erforderlich ist. Jürgen Strohhecker, Professor für Allgemeine Betriebswirtschaft, Produktionswirtschaft und Controlling, hat dazu die in der Hochschulpraxis der Frankfurt School bewährten Leitlinien aufbereitet und in verständlicher Form zusammengestellt. Ihm und den Absolventenvereinen der Frankfurt School of Finance & Management gilt der besondere Dank der Hochschule.

Wir freuen uns ganz besonders darüber, dass der vorliegende erneute Nachdruck der zweiten Auflage durch die gemeinsame Initiative der beiden Absolventenvereine der Frankfurt School

Frankfurt School Alumni e.V. und
Frankfurt School of Finance and Management | Bankakademie Alumni e.V.

realisiert wurde. Wir danken – nicht nur an dieser Stelle – den beiden Absolventenvereinen für das Engagement für die Studierenden der Frankfurt School. Unsere Absolventinnen und Absolventen empfehlen uns weiter, stellen Praktikumsplätze zur Verfügung und rekrutieren aus nachfolgenden Jahrgängen.

Die bleibende Verbindung zur Frankfurt School spiegelt sich in der hohen Präsenz ehemaliger Studierender in den Absolventenvereinen wieder: Die Mehrheit nutzt die Möglichkeit zum „Netzwerken" und dem Wissenserwerb bei den vielfältigen Vereinsaktivitäten.

Die Frankfurt School of Finance & Management darf sich glücklich schätzen, aktive Absolventenvereine zu besitzen. Sie tragen wesentlich zu unserer „Gemeinschaft von Lehrenden und Lernenden" bei. Die Hochschulleitung findet in ihnen wichtige Gesprächspartner, um aktuelle Themen und die weitere Entwicklung der Business School zu besprechen.

Nutzen Sie das vorliegende Werk für methodisches, strukturiertes und vor allem zielführendes Erstellen von wissenschaftlichen Arbeiten und damit für einen erfolgreichen Abschluss Ihres Studiums. Damit legen Sie einen guten Grundstein für Ihren persönlichen Fortschritt und eine erfolgreiche Karriere.

Wir wünschen Ihnen weiterhin gutes Gelingen!

Frankfurt am Main, im Juni 2010

Ingolf Jungmann   Hartmut Kliemt

Vorwort

Jeder Studierende steht im Laufe seines Studiums mindestens einmal, meistens jedoch mehrmals vor der Aufgabe, eine wissenschaftliche Arbeit anfertigen zu müssen. Die Schule bereitet darauf nicht vor. Zwar ist im Vorteil, wer gelernt hat, einen guten Aufsatz zu schreiben; aber ohne Kenntnis der spezifischen Techniken geht das wissenschaftliche Arbeiten meist nur schwer von der Hand. Außerdem lauern zahlreiche Fettnäpfchen, von denen ein unvorbereiteter Autor meist nur wenige auslässt.

Die vorliegende, mit der zweiten Auflage aktualisierte Anleitung will dabei helfen, die Prüfungsdisziplin des wissenschaftlichen Arbeitens mit Erfolg zu absolvieren. Sie ist bewusst knapp gehalten, damit ihre Lektüre nicht zu viel Kapazität von der eigentlichen Aufgabe abzieht. Sie deckt dennoch die wichtigen Schritte des wissenschaftlichen Arbeitens ab: das Recherchieren, Planen, Strukturieren, Zitieren und Schreiben. Sie ist dabei Ratgeber und Vorbild in einem; denn sie benutzt die erläuterten Techniken und folgt dem vorgeschlagenen Regelwerk.

Die im Folgenden beschriebenen Techniken und Konventionen sind das Ergebnis eines Diskussions- und Abstimmungsprozesses in der ganzen Fakultät der Frankfurt School of Finance & Management. In ihnen spiegeln sich daher nicht nur meine eigenen Erfahrungen und Vorlieben wider, sondern auch die meiner Kolleginnen und Kollegen. Selbstverständlich haben auch die in der Literatur dokumentierten Hinweise zum wissenschaftlichen Arbeiten Eingang gefunden. Ich danke der gesamten Fakultät für ihre Unterstützung. Zu besonderem Dank verpflichtet bin ich Herrn Prof. Dr. Jürgen Moormann, Herrn Prof. Dr. Rainer Sibbel und Frau Birgit Kompenhans für ihre ausführlichen Anmerkungen und Kommentare. Sie haben entscheidend zur Verbesserung dieser Anleitung beigetragen.

Um Inhalt und Form weiter zu verbessern, bin ich auf Ihre Kommentare, Kritik und Vorschläge angewiesen. Am besten erreicht mich Ihr Feedback per E-Mail an j.strohhecker@frankfurt-school.de. Ich freue mich darauf und bedanke mich schon im Voraus herzlich.

Frankfurt am Main, im September 2008   *Jürgen Strohhecker*

1 Schriftliche wissenschaftliche Arbeiten

Die schriftliche wissenschaftliche Arbeit spielt im Wissenschaftsprozess eine außerordentlich wichtige Rolle. Sie erst ermöglicht die Speicherung und Inventarisierung wissenschaftlicher Erkenntnis. Die Ideen eines Wissenschaftlers sind flüchtig, so lange sie nur in seinem Kopf existieren. Erst in der schriftlichen Fassung sind sie von Dauer. Gleichzeitig vereinfacht die Schriftform die Kommunikation und erleichtert die kritische Diskussion: Denn indem die Ergebnisse des Forschens schriftlich niedergelegt werden, lösen sie sich von dem Subjekt des Autors; sie werden objektiv und damit prüf- und kritisierbar.[1]

Als Bestandteil eines akademischen Studiums ist die schriftliche wissenschaftliche Arbeit in erster Linie eine Prüfungsleistung. Die Studierenden sollen nachweisen, dass sie eine wissenschaftliche interessante Problemstellung selbstständig unter Verwendung von wissenschaftlichen Methoden bearbeiten können.[2] Dabei ist wissenschaftliche Arbeit allerdings nicht gleich wissenschaftliche Arbeit. Es gibt deutliche Unterschiede zwischen einem Thesenpapier und einer Seminararbeit oder einer Master-Thesis und einer Dissertation. Und selbst innerhalb einer Kategorie gibt es alles andere als Uniformität: Wie unterschiedlich beispielsweise wissenschaftliche Aufsätze sein können, erschließt sich beim Durchblättern einer „Zeitschrift für Betriebswirtschaft" oder eines „Journal of Finance" ohne besondere Mühe.

Die Abschnitte 1.1 und 1.2 geben einen kurzen Überblick über die verschiedenen Arten und Charaktere.

1.1 Arten von wissenschaftlichen Arbeiten

An den Hochschulen kursieren zahlreiche Begriffe für wissenschaftliche Arbeiten. Manche, wie „Seminararbeit" oder „Dissertation", sind weithin gebräuchlich und mit sehr ähnlichen Inhalten belegt; andere wie Studien- oder Hausarbeiten sind nur an bestimmten Hochschulen oder in einzelnen

---

[1] Vgl. Karl R. Popper: Alles Leben ist Problemlösen, 2002, S. 22 f.
[2] Vgl. beispielsweise Universität Mannheim: Prüfungsordnung der Universität Mannheim für den Bachelorstudiengang „Betriebswirtschaftslehre", 2006, § 12, Abs. 1.

1.1.1 Wissenschaftliche Prüfungsarbeiten

Wissenschaftliche Prüfungsarbeiten werden als Prüfungsleistung im Rahmen eines akademischen Studiums erstellt. Der Prüfling hat mit ihrer Erstellung den Nachweis zu erbringen, dass er – unterschiedlichen Anspruchsniveaus gerecht werdend – zum wissenschaftlichen Arbeiten fähig ist.[3]

Thesenpapier

Das bekannteste Thesenpapier wurde von Martin Luther am 31. Oktober 1517 an die Kirche zu Wittenberg geschlagen. Es enthielt seine 95 Thesen gegen die Bußpraxis der Kirche und war der Anstoß zur Reformation. Luther schreibt einleitend: „Aus Liebe zur Wahrheit und in dem Bestreben, diese zu ergründen, soll in Wittenberg unter dem Vorsitz des ehrwürdigen Vaters Martin Luther, Magisters der freien Künste und der heiligen Theologie sowie deren ordentlicher Professor daselbst, über die folgenden Sätze disputiert werden. Deshalb bittet er die, die nicht anwesend sein und mündlich mit uns debattieren können, dieses in Abwesenheit schriftlich zu tun. Im Namen unseres Herrn Jesu Christi, Amen."[4]

Mit seinen einleitenden Worten macht Luther die Hauptfunktion eines Thesenpapiers deutlich: Es dient dazu, eine persönliche Meinung, über die eine Diskussion geführt werden soll, kurz und prägnant zum Ausdruck zu bringen.[5] Ein Thesenpapier ist demzufolge ein „hochpersönliches Dokument; im Gegensatz zum völlig neutralen Protokoll will es eine Diskussion anstoßen. Die im Papier formulierten Thesen sollen insbesondere Personen mit abweichenden Standpunkten veranlassen, aktiv in die Diskussion einzugreifen und ihre Haltung zu vertreten.[6] Darum werden die Thesen am besten klar, knapp, prägnant und durchaus auch ein wenig provokant formuliert;

---

[3] Siehe hierzu auch die launisch geschriebenen, lesenswerten Ausführungen von Walter Krämer: Seminar- oder Examensarbeit, 1999, S. 13–15.
[4] Martin Luther: 95 Thesen an der Schlosskirche zu Wittenberg, 1517.
[5] Vgl. Manuel Theisen: Wissenschaftliches Arbeiten, 2005, S. 7.
[6] Christine Stickel-Wolf und Joachim Wolf: Wissenschaftliches Arbeiten und Lerntechniken, 2002, S. 82.

sie sollen leicht zu verstehen sein und ihre Aussage unzweideutig kundtun. Neben Tatsachenaussagen sind auch subjektive Wertungen zugelassen; diese sollte der Leser jedoch möglichst einfach als solche erkennen können. Die meisten Thesenpapiere nummerieren die in ihnen enthaltenen Thesen durch. Dies erleichtert den Bezug und vereinfacht dadurch die Diskussion über die Inhalte der Thesen.

Nur selten werden Thesenpapiere als eigenständige wissenschaftliche Prüfungsarbeiten verlangt. Fast immer dienen sie – ihrem Charakter entsprechend – als Grundlage für einen Vortrag mit anschließender Diskussion. In vielen Fällen werden mit ihnen auch Seminararbeiten prägnant zusammengefasst, um sie als Handout den Teilnehmern eines Seminars zur Verfügung stellen zu können.

Seminararbeit

Hochschulseminare sind eine spezifische Veranstaltungsform im Rahmen der akademischen Ausbildung. Im Gegensatz zum Frontalunterricht der Vorlesung dominiert in einem Seminar die Diskussion. Präsentation und Vorträge in Seminaren haben weniger den Zweck der „einbahnstraßenartigen" Wissensvermittlung; sie schaffen vielmehr die Voraussetzung für eine fundierte wissenschaftliche Debatte. Von den Studierenden wird eine in jeder Hinsicht aktive Teilnahme erwartet. Das bedeutet in den meisten Fällen: Die Studierenden fertigen eine schriftliche wissenschaftliche Arbeit – die Seminararbeit – an, tragen ihre Inhalte im Seminar vor und beteiligen sich rege an der sich anschließenden Diskussion.

Mit der Seminararbeit findet verbreitet der Einstieg in das wissenschaftliche Arbeiten statt. Die nächste Stufe stellt dann – je nach Studiengang – die Studien-, Bachelor-, Magister-, Diplom- oder Master-Arbeit dar: Postgradual folgen Dissertation, wissenschaftliche Fachaufsätze und Monografien sowie gegebenenfalls eine Habilitationsschrift.

Die Seminararbeit ist eine schriftliche Ausarbeitung, die üblicherweise einen Umfang von etwa 15 bis 20 Seiten hat. Die Themenstellung ist in den meisten Fällen durch den Prüfer vorgegeben. Die Aufgabe besteht darin, eine komprimierte, schlüssige und gut strukturierte Abhandlung über das gestellte Thema zu verfassen.[7] Durch das Anfertigen einer Seminararbeit sollen sich die Studierenden darin üben, ein wissenschaftliches Problem zu erfassen und gedanklich zu durchdringen. Gleichzeitig erlernen sie die Technik des Argumentierens und das Schreiben wissenschaftlicher Texte.

Obwohl in Seminaren in der Regel anspruchsvolle und aktuelle wissenschaftliche Themen behandelt werden, die meist dicht an der Front des Erkenntnisstandes liegen, gelingt es in Seminararbeiten nur in Ausnahmefällen, wirklich neue Erkenntnisse zu erarbeiten. Standop und Meyer empfehlen die Seminararbeit am besten als „wissenschaftliche Übungsarbeit"[8] anzusehen. Seminararbeiten sind daher in aller Regel literaturgestützte und literaturzentrierte Arbeiten, welche die themenbezogenen Erkenntnisse möglichst systematisch darstellen, ohne wirklich neue Inhalte hinzuzufügen. Die subjektive Neuartigkeit steht im Vordergrund. Natürlich ist es ein löbliches Unterfangen, sich auch für eine Seminararbeit den Wissensfortschritt zum Ziel zu setzen und den Versuch zu machen, etwas wirklich Neues zu erarbeiten. Zu bedenken ist dabei allerdings: Je höher der Anspruch, desto größer ist auch die Gefahr des Scheiterns. Wenn nicht gelingen will, was man sich vorgenommen hat, sind Frust und Zweifel an den eigenen Fähigkeiten nicht mehr fern. Die ehrgeizigste Zielsetzung ist daher nicht in jedem Fall ein Garant für den Erfolg.

Hauptprüfungsarbeiten

Je nach Studiengang haben die wissenschaftlichen Prüfungsarbeiten, die Studierende während oder spätestens zum Ende eines Studiums zu erstellen haben, unterschiedliche Namen. Es gibt unter anderem die

- Bachelor-Arbeit (Bachelor-Thesis),
- Master-Arbeit (Master-Thesis),
- Diplomarbeit,
- Magisterarbeit,
- Studienarbeit.

---

[7] Theisen spricht von einer „Spezialuntersuchung aus einem vom Seminarleiter vorgegebenen Themenkreis". Manuel Theisen: Wissenschaftliches Arbeiten, 2005, S. 8.
[8] Vgl. Ewald Standop und Matthias Meyer: Die Form der wissenschaftlichen Arbeit, 2004, S. 2.

1.1 Arten von wissenschaftlichen Arbeiten

Um den Pars-pro-toto-Gebrauch eines der genannten Begriffe zu vermeiden, benutze ich den Terminus „Hauptprüfungsarbeit". Ein einheitlicher Wortgebrauch an den Hochschulen oder in der Literatur lässt sich bis heute nicht ausmachen.

Die typische Hauptprüfungsarbeit variiert im Seitenumfang zwischen 40 und 100 DIN-A4-Seiten. Sie soll den Nachweis erbringen, dass der zu Prüfende wissenschaftliche Methoden eigenständig anwenden kann, wissenschaftliche Literatur geistig zu durchdringen vermag und einen Text zu schreiben im Stande ist, der wissenschaftlichen Anforderungen genügt.

Die Hauptprüfungsarbeit wird – je nach Hochschule und Prüfungsordnung – von einem oder zwei Referenten begutachtet. Eine Pflicht zur Veröffentlichung besteht nicht, aber die Arbeit kann auf freiwilliger Basis publiziert werden, wenn dem nicht Nutzungsrechte eines Betreuers oder von Dritten auferlegte Verschwiegenheitspflichten entgegenstehen.[9]

Dissertation und Habilitationsschrift

Die Dissertation ist der schriftlich zu verfassende und zu publizierende Teil einer Promotionsprüfung. Eine bestandene Promotionsprüfung berechtigt zum Führen des Titels „Doktor". Den gängigen Promotionsordnungen deutscher Universitäten folgend, muss die Dissertation die Befähigung des Doktoranden zum selbstständigen wissenschaftlichen Arbeiten zeigen und einen beachtlichen Beitrag zum Fortschritt des wissenschaftlichen Erkenntnisstandes leisten. Verglichen mit einer Hauptprüfungsarbeit im Rahmen eines ordentlichen Studiums liegt die Messlatte, insbesondere im Hinblick auf den Neuigkeitsgrad, deutlich höher.

Die Dissertation wird üblicherweise von zwei Professoren begutachtet und ist vom Doktoranden im Rahmen eines Rigorosums vor einem Prüfungsausschuss zu verteidigen. In Deutschland besteht für Doktoranden die Pflicht, ihre Dissertation zu veröffentlichen und damit ihre Ergebnisse der wissenschaftlichen Gemeinschaft zugänglich zu machen. Die meisten Universitäten räumen ihren Doktoranden mehrere Wege ein, um ihrer Veröffentli-

---

[9] Arbeiten, die beispielsweise in Kooperation mit Unternehmen angefertigt werden und interne Daten enthalten, sind oftmals nicht nur für die Publikation, sondern auch für jegliche Einsichtnahme gesperrt.

chungspflicht nachzukommen. Wem die Ablieferung einer größeren Anzahl (50 bis über 200) gedruckter und gebundener Exemplare seiner Arbeit zu viel der Mühe erscheint, kann sich um die Publikation in einem Verlag bemühen, was allerdings meist einen beträchtlichen Druckkostenzuschuss erfordert. Mit dem Siegeszug elektronischer Medien räumen auch immer mehr Promotionsordnungen den Doktoranden das Recht ein, ihre Arbeiten elektronisch zu veröffentlichen.[10]

Die Habilitationsschrift ist nach den meisten deutschen Habilitationsordnungen ein zentraler Bestandteil der Habilitation, mit der die Anerkennung einer besonderen Befähigung für selbstständige Forschung und Lehre in einem bestimmten Fach oder Fachgebiet verbunden ist. Aufgrund der erfolgreichen Habilitation wird die Lehrbefugnis für ein bestimmtes wissenschaftliches Fach an einer deutschen Universität verliehen. Mit der Verleihung ist das Recht zur Führung der Bezeichnung Privatdozent oder Privatdozentin verbunden.

Die Anforderungen an die schriftlichen Habilitationsleistungen formuliert beispielsweise die Habilitationsordnung der mathematisch-naturwissenschaftlichen Fachbereiche der Johann-Wolfgang-Goethe-Universität in Frankfurt am Main wie folgt:[11]

> Die schriftlichen Habilitationsleistungen müssen in das Fach fallen, für das die Habilitation angestrebt wird. Sie sollen wesentlich über die Anforderungen an eine Dissertation im gewählten Fach hinausgehen und in der Regel ein anderes Thema als das der eigenen Dissertation behandeln.

Mit Inkrafttreten der Dienstrechtsreform durch das 5. HRGÄndG am 23. Februar 2002 wurde die Juniorprofessur eingeführt und die Habilitation als Voraussetzung für die Berufung zum Universitätsprofessor mit Ablaufen der Übergangsregelung am 31. Dezember 2009 abgeschafft. Zwar hat das Bundesverfassungsgericht mit seinem Urteil 2 BvF 2/02 vom 27.07.2004 die Verfassungswidrigkeit der Novelle festgestellt; in Anbetracht der in der Wissenschaft stark angestiegenen Bedeutung von Fachzeitschriftenartikeln

---

[10] Siehe hierzu die Ergebnisse und Empfehlungen des DFG-Projektes „Dissertationen Online" unter http://www.dissonline.de.
[11] Stand vom 4.2.1992.

und der daraufhin von vielen Universitäten eingeräumten Möglichkeit zu kumulativen Habilitation[12] ist allerdings nicht damit zu rechnen, dass der Bestand an Habilitationsschriften noch stark anwachsen wird.

1.1.2 Wissenschaftliche Aufsätze

Der wissenschaftliche Aufsatz behandelt eine relativ eng abgegrenzte, wissenschaftlich interessante Problemstellung. Die Autoren wissenschaftlicher Aufsätze sind meistens Wissenschaftler; aber es gibt auch Praktiker, die sich als Autoren betätigen. Der Umfang eines wissenschaftlichen Aufsatzes beträgt typischerweise zwischen 3.000 und 10.000 Wörtern, was etwa 10 bis 35 DIN-A4-Seiten entspricht. Je nach Reifegrad wird ein wissenschaftlicher Aufsatz als

- Diskussions-, Arbeits- oder Forschungspapier,
- Konferenzbeitrag,
- Beitrag zu einem Sammelband,
- Beitrag in einer wissenschaftlichen Zeitschrift,
- Beitrag in einer begutachteten wissenschaftlichen Zeitschrift

publiziert. Der Reifegrad nimmt dabei tendenziell von oben nach unten zu und geht meistens mit einer höheren Qualität der Inhalte einher. Der wissenschaftliche Aufsatz hat als Publikationsform in den letzten Jahren deutlich an Bedeutung gewonnen.

1.1.3 Wissenschaftliche Monografien und Herausgeberwerke

Während die wissenschaftliche Monografie das Produkt eines meist langwierigen Mühens eines einzelnen Wissenschaftlers ist, handelt es sich bei Herausgeberwerken um einen Sammelband mit Beiträgen verschiedener Autoren, die sich um ein gemeinsames Thema scharen. Die Anlässe für die Publikation eines Sammelbandes sind vielfältig; es gibt

---

[12] Bei einer kumulativen Habilitation besteht die schriftliche Leistung aus begutachteten wissenschaftlichen Arbeiten in wissenschaftlichen Zeitschriften, die meistens in einem thematischen Zusammenhang stehen müssen.

- Festschriften, mit denen ein akademischer Lehrer geehrt werden soll und die oft zu einem „runden" Geburtstag erstellt werden;
- Konferenzbände, in denen die Organisatoren einer Konferenz schriftliche Versionen der gehaltenen Vorträge veröffentlichen;
- wissenschaftlich interessante und aktuelle Themen, die aus unterschiedlichen Perspektiven von verschiedenen Autoren beleuchtet werden sollen und Wissenschaftler anregen, als Herausgeber tätig zu werden.

Die wissenschaftliche Monografie ist eine längere, in sich geschlossene Forschungsarbeit, die ein einzelner Wissenschaftler oder ein Team schreibt. Sie wird üblicherweise als Buch publiziert. Die meisten Monografien in Deutschland sind Dissertationen und Habilitationsschriften. Diese sind deshalb dominierend, weil für sie in Deutschland eine Veröffentlichungspflicht besteht.

Lehrbücher werden üblicherweise auch in Buchform veröffentlicht und zählen daher ebenfalls zu den Monografien. Sie richten sich jedoch an den Lernenden, nicht an das wissenschaftliche Fachpublikum. Bei ihnen steht regelmäßig das didaktische Ziel über dem wissenschaftlichen: Lehrbuchautoren bemühen sich um eine möglichst verständliche Darstellung des für eine bestimmte Zielgruppe als notwendig erachteten Wissens. Dieses ist dabei bewusst eingeschränkt; die neuesten Forschungsergebnisse sind nur in seltenen Fällen in Lehrbücher eingearbeitet. Daher lässt sich aus ihnen der aktuelle Stand der wissenschaftlichen Forschung nicht unbedingt entnehmen.

1.1.4 Forschungsberichte

Forschungsprojekte, die mit so genannten Drittmitteln finanziert werden, schließen üblicherweise mit einem Forschungsbericht ab. Dieser beschreibt die Zielsetzung des Forschungsprojektes, dokumentiert die Methodik, stellt die Ergebnisse dar und diskutiert sie. Forschungsberichte haben außerdem die Funktion, dem Auftrag- bzw. Finanzmittelgeber gegenüber als Rechenschaftsbericht über die Verwendung der Gelder zu dienen. Je nach Umfang eines Forschungsprojektes entsprechen Forschungsberichte entweder mehr einem Aufsatz oder einer Dissertation. Oftmals werden Forschungsberichte später als Aufsatz in einer wissenschaftlichen Zeitschrift oder als Buch publiziert. Beispiele für Bücher dieser Kategorie sind:

- Peter Milling und Frank Maier: Invention, Innovation und Diffusion. Eine Simulationsanalyse des Managements neuer Produkte. Berlin: Duncker und Humblot, 1996.
- Eberhard Witte , Jürgen Hauschildt und Oskar Grün: Innovative Entscheidungsprozesse. Die Ergebnisse des Projektes „Columbus". Tübingen: Mohr, 1988.

1.2 Charaktere wissenschaftlicher Arbeiten

Wissenschaftliche Arbeiten unterscheiden sich nicht nur nach ihrem Anlass und ihrer äußeren Form, sie setzen auch in inhaltlich-formaler Sicht ganz unterschiedliche Schwerpunkte.

1.2.1 Literaturzentrierte Arbeiten

Die literaturzentrierte Arbeit stützt sich auf das bereits vorhandene Schrifttum und wertet es aus. Das Ziel einer solchen Arbeit ist es, für einen abgegrenzten Zeitraum einen systematischen Überblick über die Forschungsarbeiten und Publikationen in einem Themenbereich zu geben. Dabei werden beispielsweise Gemeinsamkeiten und Unterschiede in den Aussagen und Auffassungen verschiedener Autoren dargestellt und diskutiert. Manchmal werden diese dann zu Hauptströmungen oder Schulen verdichtet. Beispiele für solchermaßen literaturzentrierte Arbeiten sind:

- Robert E. Hoskisson, Michael A. Hitte und William P. Wan: Theory and Research in Strategic Management: Swings of a Pendulum. In: Journal of Management. Jg. 25. Nr. 3. 1999. S. 417–456.
- Olaf Katenkamp: Quo vadis Wissensmanagement? In: Arbeit – Zeitschrift für Arbeitsforschung, Arbeitsgestaltung und Arbeitspolitik. Nr. 3. 2003. S. 16–35.

1.2.2 Explorative und deskriptive Arbeiten

Explorative Forschung spürt Phänomene auf, beschreibt diese und bereitet sie so auf, dass daraus ein wissenschaftlich zu bearbeitendes Problem entsteht. Vor der explorativen Erkundung eines Phänomens ist zwar klar, dass es ein Problem gibt; dieses ist allerdings vielschichtig und diffus. Es ist unklar, ob sich weitere Forschung lohnt und welche Richtung einzuschlagen ist. Explorative Forschung hat das Ziel, „to gain better understanding of the dimensions of the problem"[13].

Explorative Arbeiten haben fast immer einen literaturzentrierten Teil, in dem untersucht wird, ob andere Forscher das Phänomen bereits erforscht haben. Meistens wird dieser literaturzentrierte Teil dann durch eigene primäre Forschung und Datenerhebung ergänzt. Je stärker die Eigenschaften des Phänomens durch eigene Untersuchungen beschrieben werden sollen, desto mehr erhält die Forschungsarbeit deskriptiven Charakter. Explorative und deskriptive Forschung gehen ineinander über. Der deskriptiv orientierte Forscher bemüht sich stärker als der explorativ arbeitende Wissenschaftler um Antworten auf die Fragen *wer*, *was*, *wann*, *wo* und *wie*. In vielen Fällen wird er sich dabei die Methoden der deskriptiven Statistik zunutze machen, um die von ihm als problematisch erachtete Grundgesamtheit so präzise wie möglich zu charakterisieren.

1.2.3 Theoriebildende und -prüfende Arbeiten

Auf die explorative und deskriptive wissenschaftliche Forschung folgt dann das theoriebildende und -prüfende Arbeiten. Theorien sind Sätze oder Satzsysteme, die entweder in einer natürlichen Sprache oder in einer Symbolsprache formuliert sind.[14] Aber nicht jeder Satz ist eine Theorie. Der Satz „Klaus ist 26 Jahre alt" ist keine Theorie, sondern eine Tatsachenfeststellung. Genauso wenig sind die Sätze „Ich will eine Eistüte" oder „Thomas ist dumm" theoretische Sätze. Nur Aussagesätze mit besonderen Eigenschaften sind Theorien. Ihre wichtigste Eigenschaft ist ihre Allgemeingültigkeit.[15] Der als Beispiel angeführte Satz „Klaus ist 26 Jahre alt" ist deswegen keine Theorie, weil er eine individuelle Tatsache feststellt, also kein allgemeiner, sondern ein besonderer Satz ist. Er macht eine Aussage über das Individuum Klaus. Die anderen beiden Beispiele drücken einen Wunsch und eine Wertung aus. In theoretischen Sätzen dürfen jedoch keine Individualien

---

[13] William G. Zikmund: Business Research Methods, 2003, S. 55.
[14] Vgl. Josef Speck (Hrsg.): Handbuch wissenschaftstheoretischer Begriffe, 1980, S. 636; Karl R. Popper: Logik der Forschung, 1994, S. 31.
[15] Vgl. Karl R. Popper: Logik der Forschung, 1994, S. 32.

vorkommen. Nur Universalien sind als Elemente theoretischer Sätze erlaubt.

Aber auch die Eingrenzung von Theorien auf allgemeine, universelle Sätze erweist sich als noch unzureichend: Der Satz „Viele Raben sind schwarz" enthält nur Universalien und ist dennoch keine Theorie. Popper fordert darüber hinaus, dass Theorien Allsätze darstellen, d. h. Aussagen über unbegrenzt viele Elemente machen und Geltung für jeden beliebigen Orts- und Zeitpunkt beanspruchen.[16] „Alle Raben sind schwarz" ist ein Satz, der diese Anforderungen erfüllt. Er enthält keine Individualien und ist von einer Allgemeinheit, die „eine essentielle Einschränkung auf ein bestimmtes Raum-Zeit-Gebiet ausschließt"[17]. Und er ist auch nicht von jener zufallsbedingten Allgemeinheit, wie sie beispielsweise in dem Allsatz „Alle Personen, die jetzt in diesem Zimmer sitzen, sind männlich" zum Ausdruck kommt. Der Satz „Alle Raben sind schwarz" ist daher ein theoretischer Satz.

Die theoriebildende Forschung verfolgt das Ziel, theoretische Sätze der oben beschriebenen Art zu formulieren; die theorieprüfende Forschung hat dann die Aufgabe, die Falschheit oder Richtigkeit dieser Sätze zu untersuchen. Dabei ist zu unterscheiden, ob die versuchsweise aufgestellten Theorien empirischen oder metaphysischen Charakters sind. Empirische Theorien müssen an der Erfahrung überprüft werden können, d. h. die logische Form einer Theorie muss es ermöglichen, diese auf dem Wege kritischer Prüfung zu falsifizieren. *„Ein empirisches System muß an der Erfahrung scheitern können."*[18]

Was das genau heißt, lässt sich leichter verstehen, wenn empirisch-theoretische Allsätze in universelle Es-gibt-Sätze übersetzt werden. Durch Negation des Satzes „Alle Raben sind schwarz" ergibt sich der inhaltlich völlig äquivalente Satz „Es gibt keine nichtschwarzen Raben". Diese Umformulierung zeigt, dass es sich bei empirisch-theoretischen Sätzen um Verbote handelt: Die Theorie „Alle Raben sind schwarz" verbietet, dass es nichtschwarze Raben gibt. Sie ist deswegen falsifizierbar, weil sie zu besonderen Sätzen in

---

[16] Vgl. Karl R. Popper: Logik der Forschung, 1994, S. 34.
[17] Hans Albert: Probleme der Theoriebildung, 1972, S. 23.
[18] Karl R. Popper: Logik der Forschung, 1994, S. 15.

Widerspruch treten kann. Mit dem Basissatz[19] „Im Heidelberger Zoo gibt es zurzeit einen weißen Raben", wäre sie nicht vereinbar. Wäre dieser besondere Satz nachprüfbar zutreffend, dann hätte das die Konsequenz, dass die Theorie „Alle Raben sind schwarz" widerlegt wäre. Die Theorie wäre falsifiziert. Die Aufgabe des theorieprüfenden Forschers besteht daher darin, die Theorie mit der Wirklichkeit zu konfrontieren. Empirische Basissätze, abgeleitet aus Experimenten, Daten und Beobachtungen, sind dabei seine Prüfinstrumente. Je öfter eine Theorie eine solche Prüfung überstanden hat, desto mehr hat sie sich bewährt.

Metaphysische Theorien können nicht an der Erfahrung scheitern. An sie lässt sich nur der Maßstab der logischen Konsistenz, d. h. Widerspruchsfreiheit anlegen. Um diese zu prüfen, stehen die Mittel der logischen Analyse bereit.[20] Beispiele für metaphysische Theorien finden sich z. B. in der Mathematik. An empirischen Basissätzen lassen sich diese nicht prüfen.

1.2.4 Methodische Arbeiten

Methodische Arbeiten haben in der Betriebswirtschaftslehre eine lange Tradition. Sie haben nicht das Ziel, Gesetzmäßigkeiten zu formulieren, sondern wollen Regeln aufstellen, die demjenigen, der sie anwendet und befolgt, zum Nutzen gereichen.[21] Prüfmaßstab für eine Methodenlehre ist nicht ihre Richtigkeit oder Falschheit, sondern ihre Zweckmäßigkeit oder Nützlichkeit. Die stufenweise Deckungsbeitragsrechnung ist ein Beispiel für eine solche, an der Zweckmäßigkeit ausgerichtete Methodenlehre.[22] Ihre Anwendung soll Entscheidungen von Managern verbessern und den Erfolg von Unternehmen vergrößern. Die Regeln der stufenweisen Deckungsbeitragsrechnung sind daher keine Naturgesetze, sondern nur – mehr oder weniger gut konzipierte – Vorschläge, die es erleichtern sollen, den mit ihr verfolgten Zweck auch tatsächlich zu erreichen.

---

[19] Ein Basissatz ist nach Popper ein Satz, der ein logisch mögliches und im Prinzip beobachtbares Ereignis beschreibt. Für eine detaillierte Erläuterung des Charakters von Basissätzen siehe Karl R. Popper: Logik der Forschung, 1994, S. 60–76.
[20] Vgl. beispielsweise Thomas Zoglauer: Einführung in die formale Logik für Philosophen, 1999, S. 57–70.
[21] Siehe hierzu auch Arnd Mehrtens: Methode/Methodologie, 1999, S. 403.
[22] Vgl. Wolfgang Kilger und Kurt Vikas: Flexible Plankostenrechnung und Deckungsbeitragsrechnung, 1993, S. 827–875.

2 Planen

Für viele Studierende erscheint die wissenschaftliche Prüfungsarbeit als Herkulesaufgabe, welche diffus und drohend den Weg zum ersehnten Abschluss versperrt. Die Angst vor dem Sisyphos-Syndrom ist groß, aber unbegründet – insbesondere dann, wenn ein wenig Planung den „großen Brocken" in kleinere Teile zerlegt und die gesamte Aufgabe durchschaubarer macht.

Das Anfertigen einer wissenschaftlichen Arbeit ist mitnichten unbeherrschbar; zugegeben – es gehört nicht zu den normalen Routineaufgaben eines Studierenden. Es hat ein definiertes Ende, einen ziemlich klaren Anfang und ein sehr konkretes Ziel. Dazwischen liegen zahlreiche Aktivitäten, die verschiedene, meist knappe Ressourcen in Anspruch nehmen und erfolgreich ausgeführt werden müssen, um am Ende das gewünschte Ergebnis in Händen halten zu können. Damit hat es die typischen Eigenschaften eines Projektes.[23] Es ist allerdings bei weitem nicht so komplex ist wie beispielsweise die Entwicklung der neuen Mercedes-Benz S-Klasse oder der Bau eines Hochhauses. Aber es ist doch zu anspruchsvoll, um mit der „Durchwurstel-Technik" erfolgreich zu Ende gebracht werden zu können. Von den typischen Problemen großer Projekte – Terminüberschreitung, Kostenexplosion und mangelhafte Qualität – bleibt dann auch die eigene Prüfungsarbeit nicht verschont. Mit ein wenig Projektmanagement geht das wissenschaftliche Arbeiten leichter von der Hand und der Erfolg stellt sich zuverlässiger ein.

2.1 Zeitplanung

Das wichtigste Instrument des Selbst-Projektmanagements ist der Zeitplan.[24] Er macht für alle zu erledigenden Aufgaben eine Aussage über ihre Dauer und legt die Anfangs- wie Endtermine fest. Am einfachsten lässt sich der Zeitplan aus einem Projektstrukturplan ableiten, welcher die Gesamt-

---

[23] Vgl. Hans-Dieter Litke: Projektmanagement, 1995, S. 16 f.
[24] Synonym dazu wird der Begriff des Terminplans verwendet.

aufgabe in „handhabbare Portionen" zerlegt und hierarchisch strukturiert. Abbildung 1 zeigt ein Beispiel für eine literaturzentrierte Arbeit.[25]

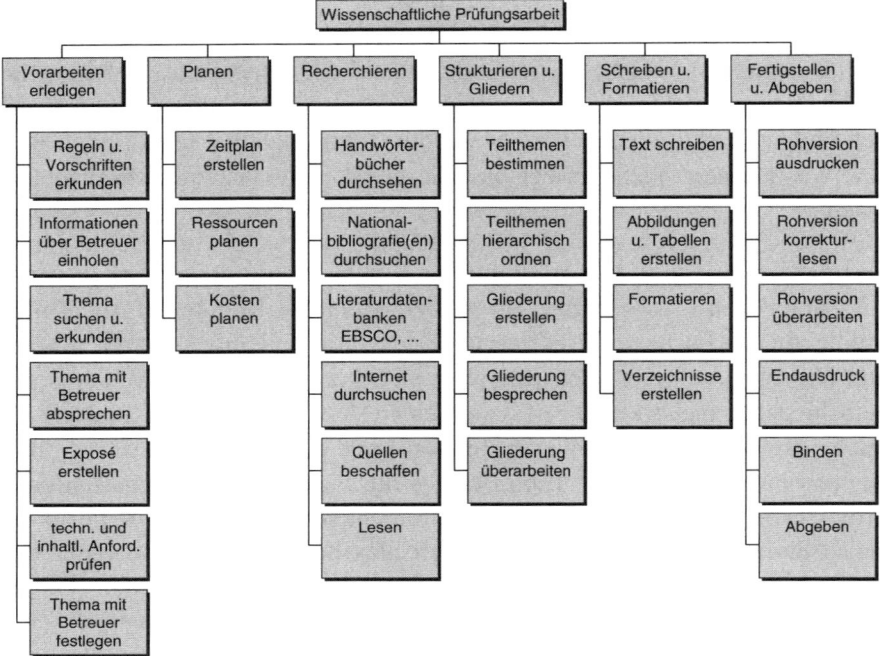

Abbildung 1: Beispiel eines Projektstrukturplans für eine wissenschaftliche Prüfungsarbeit

Natürlich ließe sich der in Abbildung 1 gezeigte Projektstrukturplan weiter verfeinern. Eine detailliertere Aufteilung der Arbeitsschritte erleichtert einerseits die Planung, insbesondere das Abschätzen des benötigten Zeitaufwands. Andererseits bedeuten mehr Details jedoch auch eine höhere Komplexität und einen schnell stark ansteigenden Planungsaufwand. Übertriebene Detailtreue bringt daher mehr Schaden als Nutzen.

---

[25] Inhaltlich ähnliche Arbeitsschritte finden sich bei Christine Stickel-Wolf und Joachim Wolf: Wissenschaftliches Arbeiten und Lerntechniken, 2002, S. 104 f. Bei empirischen Arbeiten fehlen Arbeitsschritte wie das Aufstellen von Hypothesen, das Design eines Fragebogens, das Führen von Interviews usw.

2.1 Zeitplanung

Bevor aus dem Projektstrukturplan ein Zeitplan werden kann, müssen die Aufgaben in eine sachlich begründete Abfolge gebracht werden. Es ist also zu klären, welche Aufgaben aufeinander aufbauen und daher abgeschlossen sein müssen, bevor der nächste Arbeitsschritt begonnen werden kann, und welche parallel bearbeitet werden können. Bei komplexen Projekten mit zahlreichen, stark vernetzten Aufgaben wird häufig die Netzplantechnik[26] verwendet. Damit kann die logische Ablaufstruktur des Projekts übersichtlich dargestellt werden, was auch die Terminplanung vereinfacht. Für Prüfungsarbeiten lohnt sich dieser Aufwand aber nur, wenn entsprechende Kenntnisse und Software[27] schon vorhanden sind.

Im Rahmen der Zeitplanung werden die Meilensteine[28] bestimmt und die voraussichtlich erforderliche Dauer der einzelnen Arbeitsschritte geplant. Daraus ergeben sich dann Anfangs- wie Endtermine für die einzelnen Aufgaben. Wichtige Meilensteine sind in der Regel durch die Prüfungsorganisation vorgegeben. Üblicherweise muss die Themenstellung bis zu einem bestimmten Zeitpunkt förmlich bekannt gegeben werden und angemeldet sein. Damit steht dann auch der Abgabezeitpunkt fest. Neben diesen beiden Meilensteinen können natürlich weitere gesetzt werden. Hierfür in Frage kommen beispielsweise Besprechungstermine mit dem Betreuer der Arbeit, Interviewtermine, Recherchetermine oder der Abschluss empirischer Erhebungen.

Für die Dauer der einzelnen Arbeitsschritte gibt es Erfahrungs- und Richtwerte.[29] Bei einer dreimonatigen Prüfungsarbeit umfasst die Orientierungsphase für das Erledigen der Vorarbeiten durchschnittlich einen Monat. Dann erst folgt typischerweise die Anmeldung, mit der die Kernbearbeitungsphase beginnt. Für die Planung sollte sich ein Autor etwa einen Tag gönnen. Die Hauptphasen des wissenschaftlichen Arbeitens – Recherchieren, Strukturieren und Gliedern sowie Schreiben und Formatieren – über-

---

[26] Eine umfassende Darstellung der verschiedenen Methoden findet sich beispielsweise bei Jochen Schwarze: Netzplantechnik, 2001.
[27] Bei kostenpflichtiger Software ist Microsoft Project führend. Es gibt aber auch günstige Shareware-Lösungen wie etwa das Excel Plug-In XLProject 1.1 oder bluedesk 1.1. Wer Freeware bevorzugt, findet z. B. mit ProMa Projektmanagement V 4.08 eine Software für geringere Ansprüche.
[28] Meilensteine sind Schlüsselereignisse im Projektablauf und wesentlich für die Planung und Überwachung eines Projekts.
[29] Vgl. auch Christine Stickel-Wolf und Joachim Wolf: Wissenschaftliches Arbeiten und Lerntechniken, 2002, S. 107 oder Manuel Theisen: Wissenschaftliches Arbeiten, 2005, S. 21–24.

lappen sich erfahrungsgemäß stark. Während sich das Recherchieren auf die erste Hälfte der Kernbearbeitungsphase konzentriert, ziehen sich die beiden anderen Tätigkeitsblöcke fast parallel über einen großen Teil der drei Monate hin. Die letzten zehn Tage vor der Abgabe sollten der Erstellung der gebundenen Exemplare vorbehalten bleiben.

Alle genannten Zeitdauern sind nicht mit Arbeitsdauern zu verwechseln. Da viele Aufgaben in der Realität des wissenschaftlichen Arbeitens völlig oder teilweise parallel durchgeführt werden, liegt die geplante Zeitdauer deutlich über der der reinen Abarbeitungszeit.

Wer einen Kommilitonen kennt, der bereits über eigene Erfahrungen im wissenschaftlichen Arbeiten verfügt, sollte dies nutzen und die zuvor genannten Richtwerte und eigenen Schätzungen kritisch diskutieren. Liegt schließlich ein zufrieden stellendes Ergebnis vor, ist der Zeitplan zu terminieren. Für eine Prüfungsarbeit ist die Rückwärtsterminierung (oder retrograde Zeitrechnung) die zu empfehlende Methode.[30] Ausgangspunkt ist der Abgabezeitpunkt der wissenschaftlichen Arbeit. Dann wird für den Arbeitsschritt, der logisch vorausgeht, der Anfangstermin bestimmt. Dazu wird die Dauer vom Endzeitpunkt abgezogen. Wenn das Binden einen halben Tag erfordert und Abgabetermin am 11.10.2005 um 17.00 Uhr ist, dann muss der Endausdruck spätestens um 13.00 Uhr abgeliefert sein. Diese Rechnung wird für jeden, logisch vorangehenden Arbeitsschritt wiederholt. Auf diese Weise ergeben sich für jeden Arbeitsschritt ein Anfangs- und ein Endtermin. Arbeitsschritte, die parallel laufen müssen oder können, wie beispielsweise das Schreiben von Text und Überarbeiten der Gliederung, werden in die logische Ablaufstruktur eingepasst.

Das Ergebnis einer detaillierten Zeitplanung für den Projektstrukturplan in Abbildung 1 zeigt Abbildung 2. Sie zeigt für jeden Vorgang die veranschlagte Zeitdauer sowie Anfangs- und Endtermine. Dabei ist eine dreimonatige Hauptprüfungsarbeit unterstellt, die am 11. Juli 2005 angemeldet und am 11. Oktober abgegeben werden muss. Montag bis einschließlich Samstag steht für das wissenschaftliche Arbeiten zur Verfügung; der Sonntag ist als Erholungs- und Freizeittag eingeplant. Über die prozentuale Aufteilung

---

[30] Eine ausführliche Darstellung der Rückwärts- und Vorwärtsrechnung bietet Jochen Schwarze: Netzplantechnik, 2001, S. 105–115.

2.1 Zeitplanung

der eigenen Arbeitszeit auf parallel laufende Aufgaben entscheidet ggf. die Ressourcenplanung.

Nr.	Vorgangsname	Zeitdauer	Anfang	Ende
1	**Vorarbeiten erledigen**	**33 Tage**	**Mi 01.06.05**	**Fr 08.07.05**
2	Regeln und Vorschriften erkunden	1 Tag	Mi 01.06.05	Mi 01.06.05
3	Informationen über Betreuer einholen	2 Tage	Do 02.06.05	Fr 03.06.05
4	Thema suchen und erkunden	21 Tage	Fr 10.06.05	Mo 04.07.05
5	Thema mit dem Betreuer absprechen	0,5 Tage	Mi 06.07.05	Mi 06.07.05
6	Expose erstellen	2 Tage	Mi 06.07.05	Fr 08.07.05
7	technische und inhaltliche Anforderungen prüfen	1 Tag	Mi 06.07.05	Do 07.07.05
8	Thema zusammen mit dem Betreuer festlegen	0,5 Tage	Fr 08.07.05	Fr 08.07.05
9	Themenstellung anmelden	0,25 Tage	Mo 11.07.05	Mo 11.07.05
10	**Planen**	**1 Tag**	**Fr 08.07.05**	**Fr 08.07.05**
11	Zeitplan erstellen	0,5 Tage	Fr 08.07.05	Fr 08.07.05
12	Ressourcen planen	0,25 Tage	Fr 08.07.05	Fr 08.07.05
13	Kosten planen	0,25 Tage	Fr 08.07.05	Fr 08.07.05
14	**Recherchieren**	**25 Tage**	**Di 12.07.05**	**Di 09.08.05**
15	Handwörterbucher duchsehen	2 Tage	Di 12.07.05	Mi 13.07.05
16	Literaturdatenbanken wie EBSCO, JSTOF Wiso abfragen	3 Tage	Mi 13.07.05	Fr 15.07.05
17	Internet durchsuchen	1 Tag	Sa 16.07.05	Sa 16.07.05
18	Folge- und Vertiefungsrecherchen	18 Tage	Mi 20.07.05	Di 09.08.05
19	Quellen beschaffen	20 Tage	Mo 18.07.05	Di 09.08.05
20	Lesen	20 Tage	Mo 18.07.05	Di 09.08.05
21	**Strukturieren und Gliedern**	**48 Tage**	**Mo 25.07.05**	**Sa 17.09.05**
22	Teilthemen bestimmen	1 Tag	Mo 25.07.05	Mo 25.07.05
23	Teilthemen hierarchisch ordnen	1 Tag	Di 26.07.05	Di 26.07.05
24	Gliederung erstellen	1 Tag	Mi 27.07.05	Mi 27.07.05
25	Gliederung besprechen	0,25 Tage	Do 28.07.05	Do 28.07.05
26	Gliederung überarbeiten	44 Tage	Fr 29.07.05	Sa 17.09.05
27	**Schreiben und Formatieren**	**43 Tage**	**Do 28.07.05**	**Do 15.09.05**
28	Text schreiben	32 Tage	Do 28.07.05	Fr 02.09.05
29	Abbildungen und Tabellen erstellen	5 Tage	Sa 03.09.05	Do 08.09.05
30	Formatieren	5 Tage	Fr 09.09.05	Mi 14.09.05
31	Verzeichnisse erstellen	1 Tag	Do 15.09.05	Do 15.09.05
32	**Fertigstellen und Abgeben**	**9,5 Tage**	**Do 29.09.05**	**Mo 10.10.05**
33	Rohversion ausdrucken	1 Tag	Do 29.09.05	Fr 30.09.05
34	Rohversion korrekturlesen	3 Tage	Fr 30.09.05	Di 04.10.05
35	Rohversion überarbeiten	4 Tage	Di 04.10.05	Sa 08.10.05
36	Endausdruck und Kontrolle	1 Tag	Sa 08.10.05	Mo 10.10.05
37	Binden	0,4 Tage	Mo 10.10.05	Mo 10.10.05
38	Abgeben	0,1 Tage	Mo 10.10.05	Mo 10.10.05
39	Abgabe	0 Tage	Di 11.10.05	Di 11.10.05

Abbildung 2: Zeitplan für eine dreimonatige Prüfungsarbeit

Auf der Basis des in Abbildung 2 dargestellten Zeitplanes wäre es dann ein Leichtes, die im Projektmanagement gebräuchlichen Balkendiagramme als Visualisierung zu erstellen. Abbildung 3 zeigt eine Bildschirmdarstellung aus Microsoft Project.

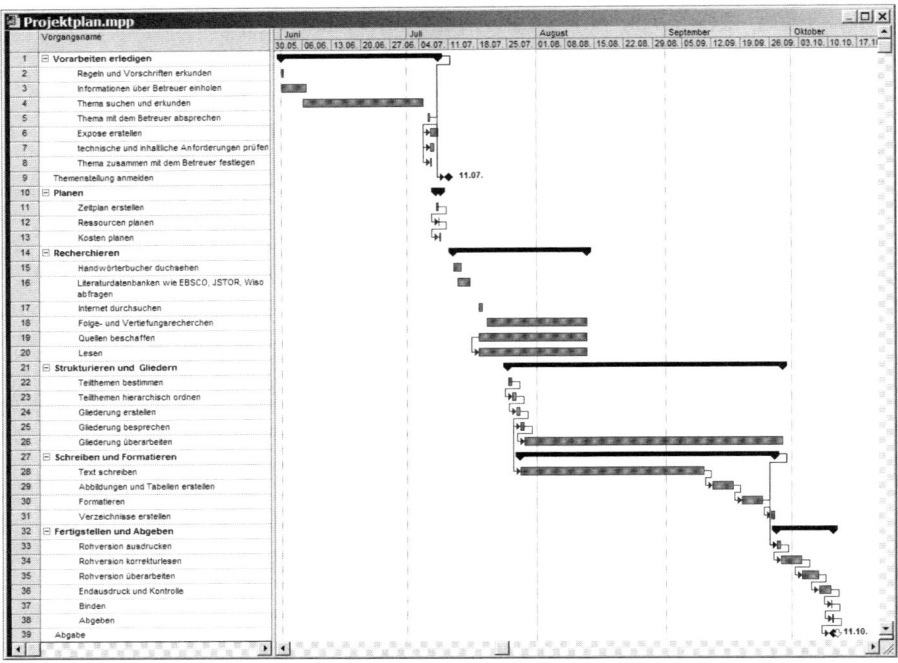

Abbildung 3: Balkendiagramm des Zeitplans

Planung ohne Kontrolle ist nur bedingt sinnvoll. Zwar macht sie die bevorstehende Aufgabe transparent und hilft, Befürchtungen abzubauen; aber erst eine regelmäßige Kontrolle erlaubt eine zielorientierte Steuerung des Projektes „wissenschaftliche Abschlussarbeit". Einerseits vermitteln erfolgreich, im Zeitplan abgeschlossene Schritte Sicherheit und motivieren für die noch anstehenden Aufgaben. Andererseits werden Überschreitungen des Zeitplans frühzeitig erkannt und helfen, das verbreitete 70:70-Syndrom zu vermeiden. Bei dieser „Projektkrankheit" entdeckt der Projektleiter nach Ablauf von 70% der Bearbeitungszeit, dass noch 70% der Aufgaben erledigt werden müssen.[31] Je früher Abweichungen erkannt werden, desto eher ist es möglich, die Ursachen dafür zu ermitteln und Maßnahmen zu ergreifen. Wenn das 70:70-Syndrom erst einmal diagnostiziert wird, ist ein gutes Ergebnis oft schon verspielt.

---

[31] Vgl. auch Christine Stickel-Wolf und Joachim Wolf: Wissenschaftliches Arbeiten und Lerntechniken, 2002, S. 103

2.2 Ressourcenplanung

Um die Planungskomplexität zu reduzieren, findet die Zeitplanung typischerweise unter der Annahme unbegrenzter Ressourcen statt. Es wird also zunächst so getan, als stünden alle für das wissenschaftliche Arbeiten benötigten Mittel in beliebiger Menge zur Verfügung. Wenn die logischen Beziehungen zwischen den Aufgaben und ihre Terminierung feststeht, wird jedoch schnell deutlich, dass sich die Arbeit nicht von alleine erledigt. Für den Autor einer wissenschaftlichen Schrift stellen sich dann die Fragen: „In welchem Umfang stehe ich selbst zur Verfügung? Welche Hilfsmittel benötige ich für das wissenschaftliche Arbeiten? Wann habe ich in welchem Umfang Zugriff?"

Der erste Schritt der Ressourcenplanung besteht daher darin, eine Liste kritischer Ressourcen zusammenzustellen. Diese kann beispielsweise beinhalten:

- Autor
- Betreuer
- Korrekturlesende Freunde oder Lektoren
- Buchbinder bzw. Copy Shop
- Bibliothek der Frankfurt School, Frankfurt a. M.
- Universitätsbibliothek Johann Christian Senckenberg, Frankfurt a. M.
- Deutsche Nationalbibliothek, Frankfurt a. M.
- Datenbank CD-ROM
- Farblaserdrucker

Im zweiten Schritt ist eine Verknüpfung zwischen den in Abschnitt 2.1 ermittelten Aufgaben und den dazu benötigten Ressourcen herzustellen. Hierbei macht sich der Einsatz von leistungsfähiger Software besonders bezahlt. Wie Abbildung 4 zeigt, lassen sich so nicht nur die für die Aufgaben benötigten Ressourcen zuordnen, sondern auch deren effektive Arbeitsbelastung darstellen. Die geplante Zeitdauer von einem Tag für den Endausdruck und die Kontrolle auf richtige Reihenfolge und sauberes Druckbild, wird so – bei einer 100%-Belastung – in eine Arbeitszeit von acht Stunden übersetzt.

	ⓘ	Vorgangsname	Arbeit	Dauer	Anfang	Ende
27		⊟ Schreiben und Formatieren	172 Std.	43 Tage	Do 28.07.05	Mo 26.09.05
28		⊟ Text schreiben	128 Std.	32 Tage	Do 28.07.05	Fr 09.09.05
		Autor	128 Std.		Do 28.07.05	Fr 09.09.05
29		⊟ Abbildungen und Tabellen erste	8 Std.	5 Tage	Mo 12.09.05	Fr 16.09.05
		Autor	8 Std.		Mo 12.09.05	Fr 16.09.05
30		⊟ Formatieren	32 Std.	5 Tage	Mo 19.09.05	Fr 23.09.05
		Autor	32 Std.		Mo 19.09.05	Fr 23.09.05
31		⊟ Verzeichnisse erstellen	4 Std.	1 Tag	Mo 26.09.05	Mo 26.09.05
		Autor	4 Std.		Mo 26.09.05	Mo 26.09.05
32		⊟ Fertigstellen und Abgeben	98,4 Std.	9,5 Tage	Di 27.09.05	Mo 10.10.05
33		⊟ Rohversion ausdrucken	8 Std.	1 Tag	Di 27.09.05	Mi 28.09.05
		Autor	8 Std.		Di 27.09.05	Mi 28.09.05
		Farblaserdrucker	1		Di 27.09.05	Mi 28.09.05
34		⊟ Rohversion korrekturlesen	48 Std.	3 Tage	Mi 28.09.05	Mo 03.10.05
		Autor	24 Std.		Mi 28.09.05	Mo 03.10.05
		Lektor	24 Std.		Mi 28.09.05	Mo 03.10.05
35		⊟ Rohversion überarbeiten	32 Std.	4 Tage	Mo 03.10.05	Fr 07.10.05
		Autor	32 Std.		Mo 03.10.05	Fr 07.10.05
36		⊟ Endausdruck und Kontrolle	8 Std.	1 Tag	Fr 07.10.05	Mo 10.10.05
		Autor	8 Std.		Fr 07.10.05	Mo 10.10.05
37		⊟ Binden	0,8 Std.	0,4 Tage	Mo 10.10.05	Mo 10.10.05
		Buchbinder	0,8 Std.		Mo 10.10.05	Mo 10.10.05
38		⊟ Abgeben	1,6 Std.	0,1 Tage	Mo 10.10.05	Mo 10.10.05
		Autor	0,8 Std.		Mo 10.10.05	Mo 10.10.05
		Prüfungsamt	0,8 Std.		Mo 10.10.05	Mo 10.10.05
39		Abgabe	0 Std.	0 Tage	Di 11.10.05	Di 11.10.05

Abbildung 4: Ressourcenplanung mit Microsoft Project

Wenn im dritten Schritt auch noch die Verfügbarkeit der Ressourcen geplant ist, fällt beispielsweise sofort auf, wenn der für das Korrekturlesen engagierte Kommilitone im falschen Zeitraum Urlaub macht. Das professionelle Projektmanagement nutzt darüber hinaus Belastungsdiagramme, um kritische Ressourcen zu identifizieren und Optimierungen vornehmen zu können.[32] Wer mit einer geeigneten Software arbeitet, kann diese Informationen einfach per Knopfdruck erhalten. In allen anderen Fällen ist der

---

[32] Vgl. Hans-Dieter Litke: Projektmanagement, 1995, S. 113 f.

Aufwand für den damit erzielbaren Nutzen wohl zu groß. Die wichtige Aufgabe der Ressourcenplanung, kritische Ressourcen und kritische Phasen zu identifizieren, lässt sich auch ohne Belastungsdiagramme erfüllen.

2.3 Kostenplanung

Finanzielle Ressourcen spielen für die meisten Projekte eine besondere Rolle. Auch bei wissenschaftlichen Arbeiten können erhebliche Kosten anfallen. Wer nicht über großzügig bemessene Finanzmittel verfügen kann, dem ist sehr ans Herz zu legen, sich einen Überblick über die voraussichtlichen Kosten zu verschaffen. Wenn sich dann die eigenen Mittel als zu knapp herausstellen, bleibt noch genug Zeit, sich über Fördermöglichkeiten zu informieren und die für deren Beantragung notwendigen Arbeiten in den Zeit- und Ressourcenplan aufzunehmen.

Für die Planung zu beachten ist die bei manchen Arbeitsschritten vorhandene Interdependenz zwischen Zeit- und Kostenplanung. Besonders deutlich wird dies bei der Literaturbeschaffung. Wenn ein Buch aussichtsreich für die Bearbeitung des eigenen Themas erscheint, aber in den räumlich nahe liegenden Bibliotheken nicht verfügbar ist, dann gibt es prinzipiell zwei Alternativen: schnell, aber nicht billig ist der Kauf des Werkes über den Buchhandel; günstiger, aber zeitraubend ist der Bezug des Buches über Fernleihe. Vor einer ähnlichen Entscheidung steht, wer einen Artikel lesen möchte, der nicht direkt aus einer Literaturdatenbank heruntergeladen werden kann. Schnelllieferdienste wie beispielsweise subito liefern den gewünschten Aufsatz per Post oder E-Mail direkt nach Hause, wollen allerdings verständlicherweise Geld dafür. Der Besuch in der Bibliothek und das Kopieren des Aufsatzes sind billiger, aber viel zeitaufwändiger.

Kostenarten, die in einer Kostenplanung für eine wissenschaftliche Arbeit nicht fehlen sollten, sind:[33]

- Kosten für Büromaterial
- Kosten für EDV-Verbrauchsmaterial
- Telefon- und Online-Kosten

---

[33] Vgl. auch die Ausführungen bei Manuel Theisen: Wissenschaftliches Arbeiten, 2005, S. 13 f. und S. 21.

- Kosten für Fachbücher
- Kosten für Dokumentenlieferungen
- Kosten für Bibliotheksbenutzung und Fernleihen
- Fotokopierkosten
- Reise und Fahrtkosten
- Portokosten
- Kosten für Schreibservice und Lektorat
- Kosten für Ausdruck und Binden

Wer noch nicht über eine EDV-Ausstattung verfügt, sollte die hierfür auszugebenden Mittel ebenfalls einkalkulieren. Zwar stellen praktisch alle Hochschulen Computer-Pools und Druckmöglichkeiten bereit; das wissenschaftliche Arbeiten ausschließlich an fremden Geräten ist jedoch erfahrungsgemäß viel ineffizienter und zeitraubender als die Verwendung eigener Hard- und Software. Außerdem kann der fehlende ausschließliche Zugriff auch eine sorgfältige Zeit- und Ressourcenplanung schnell obsolet werden lassen.

3 Recherchieren

Das Recherchieren gehört in allen Wissenschaften zu den Kerntätigkeiten des wissenschaftlichen Arbeitens. Je nach Charakter der wissenschaftlichen Arbeit wird zwar der Anteil der Recherchetätigkeiten am gesamten Arbeitsaufwand variieren. Der Verfasser einer literaturzentrierten Arbeit wird beispielsweise mehr mit der Recherche beschäftigt sein als etwa der Bearbeiter einer empirisch-deskriptiven Themenstellung. Aber eine wissenschaftliche Arbeit ohne Literaturrecherche ist nicht denkbar.

Ein Grund dafür ist nahe liegend: Es ist nicht effizient, das Rad mehrmals zu erfinden. Um das Risiko unproduktiver Doppelarbeit zu reduzieren, ist ein jeder Wissenschaftler angehalten, sich in seiner Arbeit mit der existierenden und publizierten Literatur auseinander zu setzen. Er hat sie in Hinblick auf die ihn interessierende Themenstellung zu sichten und sein Forschungsvorhaben auf seinen Neuigkeitsgrad hin kritisch zu überprüfen. Das Literaturstudium ist aber aus noch einem anderen Grund unentbehrlich. In vielen Fällen entsteht Neues erst aus der Kritik des Bestehenden. Der Aufbruch zu neuen Ufern gelingt daher häufig erst aus einer soliden Wissensposition heraus. Deswegen ist es wichtig, sich den aktuellen Stand der Wissenschaft über die Durchsicht und Prüfung geeigneter Quellen zu erarbeiten.

3.1 Rechercheobjekte – Für wissenschaftliche Arbeiten relevante Publikationen

Die Informationen, die benötigt werden, um sich einen Überblick über den Stand der Erkenntnis zu verschaffen, sind unterschiedlichen Quellen verschiedener Breite und Tiefe zu entnehmen. Vom Allgemeinen zum Spezifischen voranschreitend, sind das:[34]

- Lexika, Enzyklopädien und Wörterbücher
- Fachenzyklopädien

---

[34] Vgl. auch die Ausführungen bei Christine Stickel-Wolf und Joachim Wolf: Wissenschaftliches Arbeiten und Lerntechniken, 2002, S. 112–115 und Manuel Theisen: Wissenschaftliches Arbeiten, 2005, S. 37–67.

- Handwörterbücher
- Lehrbücher
- Wissenschaftliche Monografien
- Fachzeitschriftenartikel
- Herausgeberwerke
- Arbeits- und Diskussionspapiere
- Gesetzestexte, Verordnungen, Gerichtsentscheidungen
- Publikationen der öffentlichen Verwaltungen und Körperschaften
- Zeitungs- und Zeitschriftenartikel
- Firmen- und Verbandspublikationen
- Internetquellen
- CD-ROM, DVD-ROM, Disketten und andere Datenträger

Lexika, *Enzyklopädien* und *Wörterbücher* bieten Informationen auf einem breiten, aber meist sehr allgemeinen und für wissenschaftliche Zwecke in der Regel zu oberflächlichen Niveau. Bei der Erstellung einer wissenschaftlichen Arbeit können sie normalerweise nur in der sehr frühen Phase helfen, in der es darum geht, sich über das zu bearbeitende Gebiet einen ersten Überblick zu verschaffen. Grundsätzlich sind Lexika, Enzyklopädien und Wörterbücher in wissenschaftlichen Arbeiten aufgrund ihres Charakters als Tertiärliteratur nicht zitierfähig. Auch bei der Suche nach weiteren Quellen helfen sie nur, wenn sie Literaturverweise enthalten, was eher selten der Fall ist.

In diese Kategorie der Lexika bzw. Enzyklopädien fallen beispielsweise die „Brockhaus-Enzyklopädie" in 24 Bänden, „The Encyclopaedia Britannica" in 28 Bänden oder Wikipdia. Beispiele für Wörterbücher sind etwa das Wahrig-Fremdwörter-Lexikon oder das deutsche Wörterbuch von Jacob und Wilhelm Grimm. Viele Lexika, Enzyklopädien und Wörterbucher gibt es inzwischen auch auf CD-ROM oder im Internet mit komfortablen Suchfunktionen und multimedialen Inhalten.

Fachenzyklopädien wie beispielsweise Gablers Wirtschaftslexikon oder Vahlens Kompendium der Betriebswirtschaftslehre konzentrieren sich auf einen viel kleineren Ausschnitt von Informationen als die allgemeinen Lexika. Deswegen bieten sie in der Regel auch detailliertere Informationen über die von ihnen abgedeckten Gebiete. Daher sind sie als Einstiegsliteratur geeignet. Sie helfen, einen Überblick über das Thema und die mit ihm verbundenen Schlüsselbegriffe zu bekommen. Die in der Regel vorhandenen Literaturhinweise können als Ausgangspunkt weiterer Recherchen dienen. Zitierfähig sind die Fachenzyklopädien grundsätzlich nicht. Mit wenigen Ausnahmen handelt es sich bei ihnen um Tertiärliteratur, bei der die Autorenschaft der Beiträge und damit ihre Qualität nicht gesichert sind.

Handwörterbücher sind – wie die Fachenzyklopädien – thematisch fokussiert, was eine geringere Breite und größere Tiefe der gebotenen Informationen bedeutet. Meist sind sie Sammlungen einer Vielzahl von Überblicksbeiträgen zu den wichtigen Themen eines Faches. Was sie für die Literaturrecherche grundsätzlich sehr wertvoll macht, ist ihr hohes Ansehen. Üblicherweise werden Handwörterbücher von renommierten Wissenschaftlern herausgegeben, und die Fachbeiträge werden von Autoren verfasst, die auf dem jeweiligen Gebiet besonders anerkannt sind. Die Qualität der Beiträge ist daher sehr hoch. Allerdings leiden viele Handwörterbücher an den zumeist großen zeitlichen Abständen, in denen sie aktualisiert werden. Sehr oft geben die Beiträge einen Wissensstand wider, der schon mehrere Jahre alt ist. Die ergänzende Recherche in neueren Quellen ist daher unverzichtbar.

Für die Betriebswirtschaftslehre ist das Handwörterbuch der Betriebswirtschaftslehre (HWB) das bedeutendste und traditionsreichste. Es erscheint im Verlag Schäffer-Poeschel. Wer in der deutschen Betriebswirtschaftslehre über Rang und Namen verfügt, hat an der 5., von Waldemar Wittmann herausgegebenen Auflage mitgearbeitet. Entstanden ist ein anerkanntes Grundwerk, das wegen seines Erscheinungsdatums allerdings nur den Forschungs- und Erkenntnisstand der BWL bis Anfang der Neunziger Jahre umfasst. Das HWB behandelt 374 Stichwörter in Aufsätzen mit durchschnittlich sechseinhalb Seiten Umfang. Mit Hilfe eines äußerst ausführlichen Sachregisters im Anhang des 3. Teilbandes können auch Einzelbegriffe schnell und einfach abgefragt werden. Das HWB beschränkt sich auf die Kernfragen der BWL, während zu speziellen Fragestellungen die übrigen Bände 2 bis 11 der Reihe Enzyklopädie der Betriebswirtschaftslehre, dessen Band 1 das HWB darstellt, konsultiert werden können.

Lehrbücher zielen darauf ab, das Wissen zu einem Themenbereich didaktisch möglichst geschickt aufzubereiten. Den Lesern wollen sie dadurch einen breiten Überblick und einfachen Zugang zum Thema bieten. Beispiele für bekannte und verbreitet gelesene betriebswirtschaftliche Lehrbücher sind: Günter Wöhe und Ulrich Döring, Einführung in die Allgemeine Betriebswirtschaftslehre oder Henner Schierenbeck und Claudia Wöhler, Grundzüge der Betriebswirtschaftslehre.[35] Die Zielsetzung der Lehrbücher macht sie als Quelle für ernsthafte wissenschaftliche Arbeiten suspekt. Meistens wird der Stand der Wissenschaft nur dargestellt, nicht aber kritisch diskutiert. Außerdem werden neue Forschungsgebiete, die für den Fortschritt besonders interessant wären, in Lehrbüchern, wenn überhaupt, nur rudimentär abgehandelt. Nicht immer ist überdies die wissenschaftliche Qualität eines Lehrbuches über jeden Zweifel erhaben. Insbesondere Publikationen aus den so genannten Skriptenverlagen ist mit Vorsicht zu begegnen. Aus diesen Gründen kommen Lehrbücher als Einstiegsliteratur in ein Thema in Betracht; die qualitativ guten Bücher bieten einen einfachen Themenzugang und helfen durch ihr häufig sehr umfangreiches Literaturverzeichnis. Mehr leisten sie, von Ausnahmen abgesehen, nicht.

Wissenschaftliche Monografien sind – anders als Lehrbücher – gute und tragfähige Quellen für die Literaturrecherche einer wissenschaftlichen Arbeit. Es handelt sich bei ihnen um Dissertationen, Habilitationsschriften oder verlegte Forschungsberichte, also selbst um wissenschaftliche Arbeiten im engeren Sinne. Anders als Lehrbücher haben wissenschaftliche Monografien in der Regel die wünschenswerte Tiefe und ein angemessenes Problematisierungsniveau. Dass sie außerdem oft einen Begutachtungsprozess durchlaufen haben, fördert ihr Qualitätsniveau. Deshalb sind wissenschaftliche Monografien für die eigene wissenschaftliche Arbeit sehr wichtige Quellen. Zu bedenken ist allerdings, dass sie nicht in allen Bereichen hochaktuell sein können; denn meistens vergehen mehrere Jahre, bis eine derartige Arbeit fertig gestellt ist.

Zu den wichtigsten Informationsquellen eines Wissenschaftlers zählen *Fachzeitschriftenartikel*. Fachzeitschriften erfüllen eine bedeutende Funktion im Wissenschaftsprozess. Sie dokumentieren den wissenschaftlichen

---

[35] Vgl. Henner Schierenbeck und Claudia Wöhle: Grundzüge der Betriebswirtschaftslehre, 2008; Günter Wöhe und Ulrich Döring, Einführung in die Allgemeine Betriebswirtschaftslehre, 2008.

3.1 Rechercheobjekte – Relevante Publikationen

Erkenntnisfortschritt und dienen als Medium der schriftlichen Diskussion. Insbesondere die in einer Disziplin angesehenen Fachzeitschriften sorgen für eine hohe Qualität der publizierten Beiträge, indem die eingereichten Manuskripte einem aufwändigen mehrstufigen Begutachtungsprozess unterworfen werden. Auch wenn diese Prüfung Zeit in Anspruch nimmt, sind Fachzeitschriftenartikel dennoch in der Regel aktueller als wissenschaftliche Monografien. Deswegen sind sie eine unverzichtbare Informationsquelle. Beispiele für in Deutschland verlegte, angesehene betriebswirtschaftliche Zeitschriften sind die „Zeitschrift für betriebswirtschaftliche Forschung", die „Zeitschrift für Führung und Organisation" oder die „Zeitschrift für Betriebswirtschaft". Renommierte internationale Zeitschriften sind etwa die „Management Science" oder das „Journal of Finance". Aufgrund der Vielzahl neuer Zeitschriften, die in den letzten Jahren auf den Markt gekommen sind, fällt es immer schwerer, den Überblick zu behalten und hinsichtlich der Qualität die „Spreu vom Weizen" zu trennen. Ranglisten, wie sie besonders im angelsächsischen Sprachraum üblich sind, können dabei von großem Nutzen sein.[36]

Auch in *Herausgeberwerken* erscheint ein bedeutsamer Teil der wissenschaftlichen Publikationen. In diese Kategorie fallen beispielsweise die schon angesprochenen Handbücher, aber auch Festschriften, Tagungs- und Konferenzbände sowie sonstige Sammelwerke. In allen diesen Fällen ist ein Herausgeber oder ein Team von Herausgebern für die Gesamtkonzeption des Werkes verantwortlich. Die Beiträge werden jedoch von unterschiedlichen Autoren verfasst und können in ihrer Qualität und ihrem wissenschaftlichen Niveau stark schwanken. Renommierte Herausgeber können zwar ein Indiz für eine gute wissenschaftliche Qualität der Beiträge sein; sie sind aber keine Garantie. Eine sorgfältige und kritische Lektüre der einzelnen Beiträge ist in jedem Fall anzuraten.

---

[36] Siehe beispielsweise die Internetseiten von Anne-Will Harzing, die dort eine „Journal Quality List" bereitstellt: http://www.harzing.com/jql.htm. Eine Zusammenstellung von Zeitschriften hoher Reputation unter Wirtschaftswissenschaftlern findet sich unter http://bach.wu-wien.ac.at/fides/res/JournalRatingListe_Endversion.pdf. VHB-JOURQUAL 2 ist ein in Deutschland viel beachtetes Ranking von betriebswirtschaftlich relevanten Zeitschriften auf der Grundlage von Urteilen der Mitglieder des Verbands der Hochschullehrer für Betriebswirtschaft e. V. Die Ergebnisse werden unter http://pbwi2www.uni-paderborn.de/WWW/VHB/VHB-Online.nsf/id/DE_Jourqual_2 bereitgestellt.

Der große Vorteil von *Arbeits- und Diskussionspapieren* ist ihre Aktualität. Während Zeitschriftenartikel und Beiträge in Herausgeberwerken oft erst Monate oder gar Jahre nach ihrer Einreichung veröffentlicht werden, sind Arbeits- und Diskussionspapiere eines Wissenschaftlers in der Regel viel dichter an seinem aktuellen Erkenntnisstand. Deswegen sind sie auch für die wissenschaftlichen Prüfungsarbeit wichtige Quellen. Diesem Vorteil großer Aktualität steht der Nachteil einer ungesicherten Qualität gegenüber. Weil Arbeits- und Diskussionspapiere üblicherweise keine externen Prüfverfahren durchlaufen haben, ist ihnen mit gesunder Vorsicht und kritischem Blick zu begegnen. Sorgfältige Selektion ist also geboten.

Nicht immer ist es einfach, Arbeits- und Diskussionspapiere zu beziehen. Die meisten dieser Arbeiten werden in hochschul- oder fachbereichseigenen Reihen publiziert; diese sind zwar in der Bibliothek der jeweiligen Hochschule oder des Fachbereichs vorhanden, aber nur selten in weiteren Bibliotheken zu finden. Dank des Internets sind inzwischen viele dieser Arbeiten online abrufbar. Aber manchmal wird nur die direkte Ansprache des Autors zum Erfolg führen. Es gibt Arbeits- und Diskussionspapiere, die in gleicher oder ähnlicher Form als Zeitschriftenartikel oder Sammelbandbeitrag erschienen sind. In solchen Fällen ist immer die „höherwertige" Quelle zu verwenden. Das bedeutet: Zeitschriftenartikel oder Sammelbandbeitrag sind dem Arbeits- oder Konferenzpapier vorzuziehen. Dies gilt auch dann, wenn auf den Arbeitsbericht leichter zugegriffen werden kann als auf die später publizierte, höherwertige Quelle.

Gesetzestexte, Verordnungen, Gerichtsentscheidungen und ähnliche Materialien sind nicht für jede wissenschaftliche Prüfungsarbeit relevant. Wie wichtig Rechtsquellen für die eigene wissenschaftliche Arbeit sind, hängt von der Themenstellung ab. Bei einem rechtswissenschaftlichen Themenschwerpunkt sind sie selbstverständlich unverzichtbare Informationsquellen. Aber auch für Arbeiten zum externen Rechnungswesen oder über steuerliche Fragestellungen sind sie wichtig. In jedem Fall sind Rechtsquellen uneingeschränkt zitierfähig.

Etwas differenzierter sind die *Publikationen der öffentlichen Verwaltungen und Körperschaften* zu beurteilen. Sie sind zwar in den allermeisten Fällen für wissenschaftliche Arbeiten verwertbar, uneingeschränkt natürlich dann, wenn sie Tatsacheninformationen präsentieren. Aber die Bandbreite des Materials ist sehr groß, und manche Informationsbroschüre ist nicht frei von tendenziösen Elementen. Ein hohes Ansehen genießen beispielsweise die Veröffentlichungen der Deutschen Bundesbank oder des Statistischen Bundesamts.

Zeitungs- und Zeitschriftenartikel kommen nur für ganz bestimmte Fragestellungen als Informationsquelle in Betracht. Grundsätzlich sind sie in wissenschaftlichen Arbeiten nicht zitierfähig. Ausnahmen sind beispielsweise Tatsachenberichte oder Interviews in anerkannt seriösen Zeitungen und Zeitschriften. So kann beispielsweise ein Interview des Präsidenten der Deutschen Bundesbank über die Entwicklung des Dollarkurses in der Frankfurter Allgemeinen Zeitung ohne Weiteres in der eigenen wissenschaftlichen Arbeit zitiert werden.

Firmen- und Verbandspublikationen sind bei bestimmten Themenstellungen als Informationsquelle unverzichtbar. Eine betriebswirtschaftliche Arbeit über angewandte Unternehmensstrategien wird beispielsweise nicht umhinkommen, veröffentlichte Strategiepapiere, Unternehmensleitbilder und -visionen auszuwerten. Auch Geschäftsberichte und Quartals- oder Zwischenberichte sind für viele Fragestellungen wertvoll. Vorsicht ist jedoch bei allen Informationen angebracht, die keine Tatsachen darstellen. Hier gelten die gleichen Einschränkungen wie bei Zeitungs- und Zeitschriftenartikeln.

Fernseh- und Hörfunksendungen kommen wie Zeitungs- und Zeitschriftenartikel nur sehr selektiv als Informationsquelle in Betracht. Meinungsäußerungen bekannter Persönlichkeiten in Interviews lassen sich vielleicht an geeigneter Stelle in wissenschaftlichen Arbeiten zitieren. Ansonsten ist von der Verwendung von Fernsehen und Radio als Quelle abzuraten.

Der Umfang des im Internet publizierten Materials *(Internetquellen)* ist seit seinen Anfängen sprunghaft angestiegen. Informationen aller Art lassen sich über das Internet einfach, schnell und kostengünstig einem sehr großen Kreis an Interessierten zugänglich machen. Für den Suchenden ist der Zugang bequem, zeitnah und von fast überall in der Welt möglich. Das sind die großen Vorteile des Internets, die es als Informationsquelle für wissenschaftliche Arbeiten in jedem Fall interessant machen. Die Vorteile sind aus wissenschaftlicher Sicht allerdings auch mit Nachteilen verbunden. Was leicht zu veröffentlichen ist, ist gleichzeitig auch leicht zu ändern; deswegen sind die im Internet publizierten Informationen einem raschen Wandel und in vielen Teilen auch einer schnellen Veralterung unterworfen. Wer Internet-Quellen in einer Prüfungsarbeit verwendet, muss daher dafür sorgen, dass dem Prüfer die zitierten Quellen zugänglich sind. Das bedeutet regelmäßig, einen Ausdruck anzufertigen oder die Seiten auf einem Datenträger zu sichern und zusammen mit der Arbeit einzureichen. Nicht ganz einfach ist auch die Beurteilung der Qualität der im Internet verfügbaren Informationen. Wissenschaftlichen Ansprüchen genügt nur ein kleiner Bruchteil, und es ist nicht leicht, diesen zu finden. Helfen können allerdings themenbezogene Verweislisten, die zum Teil von renommierten Institutionen, aber auch von engagierten Privatpersonen aufgebaut und gepflegt werden.

Auf *CD-ROM, DVD-ROM, Disketten* oder anderen Datenträgern gespeicherte Informationen sind mannigfacher Art und unterschiedlich gut für wissenschaftliche Informationszwecke zu gebrauchen. Zum Teil gelten die bereits getroffenen Aussagen, etwa dann, wenn ein Tagungsband mit Konferenzbeiträgen auf CD-ROM herausgegeben oder die DVD-ROM-Version einer Enzyklopädie als Informationsquelle genutzt wird. Zum größeren Teil ist jedoch eine kritische Einzelfallprüfung unumgänglich.

Auch wenn der Hinweis eine Wiederholung ist, er ist wichtig: Die kritische Prüfung der gesichteten und in Frage kommenden Informationsquellen ist für die eigene Qualität der wissenschaftlichen Arbeit von großer Bedeutung. Insbesondere gilt es herauszufinden, ob es sich um eine primäre, sekundäre oder tertiäre Quelle handelt. Nur die Primärliteratur entsteht aus den originären Forschungsanstrengungen eines Wissenschaftlers. Sekundär- und Tertiärliteratur entsteht durch das Zusammentragen, Verdichten, Kommentieren und Umschreiben von primären Quellen. Die dadurch entstehenden Schriften können zugegebenermaßen sehr informativ sein, aber als alleinige Säulen einer wissenschaftlichen Ansprüchen genügenden Literaturrecherche sind sie nicht tragfähig.

3.2 Rechercheinstrumente – Hilfsmittel zur Literaturrecherche

Die Vielzahl an Informationsmedien, die für die Erstellung einer wissenschaftlichen Arbeit herangezogen und ausgewertet werden können, verlangt nach Hilfsmitteln für die Recherche. Zu den wichtigsten Rechercheinstrumenten gehören Bibliografien, Kataloge, Datenbanken und das Internet.

3.2.1 Bibliografien

Das wichtigste Hilfsmittel für die Literatursuche sind Bibliografien. Diese sind nichts anderes als Verzeichnisse von Quellen, die nach einem oder mehreren Selektionskriterien zusammengetragen sind.[37] Üblich sind regionale, zeitraumbezogene oder fachbezogene Auswahlkriterien. Kombinationen sind möglich. Eine Übersicht über verschiedene Arten von Bibliografien zeigt Abbildung 5.

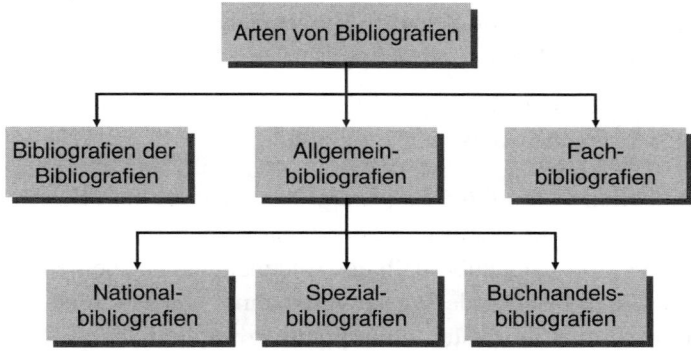

Abbildung 5: Arten von Bibliografien nach Inhalt und Zweck

Bibliografien werden unabhängig von dem Bestand einzelner Bibliotheken oder Archive erstellt.[38] Deswegen enthalten sie keine Standortangaben. Es gibt Bibliografien, die regelmäßig aktualisiert werden, und solche, die – sind sie einmal erstellt – nicht mehr verändert werden. Erstere sind laufende, periodische Bibliografien, letztere abgeschlossene. Bei Titelbibliografien werden nur die üblichen bibliografischen Angaben wie Autor oder Herausgeber, Titel, Untertitel usw. erfasst; im Gegensatz dazu umfassen annotierte Bibliografien auch kurze Inhaltsangaben oder/und Rezensionen.[39] Die Datenträger, auf denen Bibliografien zugänglich gemacht werden, sind sehr verschieden. Praktisch alle technischen Möglichkeiten werden genutzt. Es gibt Bibliografien in Buchform, als Kartei- oder Zettelka-

---

[37] Vgl. Manuel Theisen: Wissenschaftliches Arbeiten, 2005, S. 46.
[38] Vgl. Rupert Hacker: Bibliothekarisches Grundwissen, 2000, S. 331.
[39] Vgl. Komitee Terminologie und Sprachfragen der Deutschen Gesellschaft für Informationswissenschaft und -praxis (DGI) (Hrsg.): Terminologie der Information und Dokumentation, ohne Jahr, Randnr. 63-16-3.

taloge, in elektronisch verarbeitbarer und auswertbarer Form auf CD- oder DVD-ROM sowie als inter- oder/und intranetgestützte Datenbank.

Bibliografien der Bibliografien sind Metabibliografien. Sie stellen, nach bestimmten Kriterien geordnet, die existierenden Bibliografien zusammen. Beispiele hierfür sind:

- Bibliographic Index: A Cumulative Bibliography of Bibliographies. New York: Wilson, 1938–date
- Erika Dörner und Astrid Schubert. Bibliographie umweltrelevanter Bibliographien. Berlin: Erich Schmidt, 1998
- Günter Mette und Eva Schöppl: Wie finde ich Literatur zu den Wirtschaftswissenschaften. Berlin: Spitz, 1995

Die traditionellen *Nationalbibliografien* verzeichnen als Allgemeinbibliografien das gesamte in einem Land erschienene Schrifttum aus allen Sachgebieten.[40] Weil oft auch außerhalb des Buchhandels erscheinende Titel und auf neuen Medien basierende Werke verzeichnet werden, bieten die Nationalbibliografien eine ansonsten unerreichte Breite und Tiefe. Die Vollständigkeit und Richtigkeit der bibliografischen Angaben ist unzweifelhaft, da die Nationalbibliografien typischerweise von den Nationalbibliotheken erstellt werden und diese Pflichtexemplare von jedem erschienen Titel erhalten. Die Titelnachweise in den Nationalbibliografien gelten aus diesen Gründen als ausgezeichnete und verlässliche Quelle für Literaturrecherchen jeder Art.

Die Nationalbibliografien gibt es auf verschiedenen Datenträgern mit unterschiedlicher Aktualisierungshäufigkeit. Üblich sind Fünfjahres-, Jahres-, Monats- oder Zweiwochenverzeichnisse als Buch oder Zeitschrift, auf Mikrofilm oder CD-ROM. Für die Literaturrecherche besonders bequem sind Datenbanken, die sich über das Internet abfragen lassen. Fündig wird man in der Regel über die Kataloge der Nationalbibliotheken, da diese nicht nur die Nationalbibliografien erstellen, sondern auch für die Archivierung der

---

[40] In einigen Staaten umfasst die Nationalbibliografie zusätzlich ausländische Veröffentlichungen, die für diesen Staat von Relevanz sind, und nationale Werke, die im Ausland veröffentlicht werden. Vgl. Komitee Terminologie und Sprachfragen der Deutschen Gesellschaft für Informationswissenschaft und -praxis (DGI) (Hrsg.): Terminologie der Information und Dokumentation, ohne Jahr, Randnr. 63-07-3.

3.2 Rechercheinstrumente – Hilfsmittel zur Literaturrecherche

Pflichtexemplare zuständig sind. Allerdings ist zu beachten, dass die Kataloge – der riesigen Bestände wegen – oft noch nicht alle Werke elektronisch zugänglich verzeichnen. Wer nach älteren Arbeiten recherchiert, ist daher manchmal noch auf die traditionellen Medien angewiesen.

Ausgewählte und wichtige Nationalbibliografien sind:

- **Deutsche Nationalbibliografie**
  Die Deutsche Nationalbibliografie wird von der Deutschen Nationalbibliothek herausgegeben und verzeichnet den Bestand der dort eingegangenen Pflichtexemplare und darüber hinaus erworbenen Publikationen. Die Bibliografie ist in mehrere Reihen aufgeteilt:[41]

Reihe A:	Monografien und Periodika des Verlagsbuchhandels. Bücher, Zeitschriften, nicht musikalische Tonträger, weitere AV-Medien, Mikroformen und elektronische Publikationen. Die Reihe A enthält seit Bibliografiejahrgang 2004 auch die Übersetzungen und Germanica, die bisher separat in der Reihe G erschienen sind. Wöchentliche Erscheinungsweise.
Reihe B:	Monografien und Periodika außerhalb des Verlagsbuchhandels. Bücher, Zeitschriften, nicht musikalische Tonträger, weitere AV-Medien, Mikroformen und elektronische Publikationen. Wöchentliche Erscheinungsweise.
Reihe H:	Hochschulschriften. Dissertationen und Habilitationsschriften deutscher Hochschulen und deutschsprachige Dissertationen und Habilitationsschriften des Auslandes, unabhängig von ihrer Erscheinungsform. Monatliche Erscheinungsweise.
HJV	Halbjahresverzeichnis, kumuliert die Titel der Reihen A, B und C. Alphabetisches Titelverzeichnis mit Schlagwort- und Stichwortregister. Halbjährliche Erscheinungsweise.
MJV	Mehrjahresverzeichnis, kumuliert das Halbjahresverzeichnis und Titel der Reihe H. Alphabetisches Titelverzeichnis mit Schlagwort- und Stichwortregister. Dreijährliche Erscheinungsweise.

---

[41] Deutsche Nationalbibliothek: Deutsche Nationalbibliografie, 2008.

Seit 2004 ist die Deutsche Nationalbibliografie auch online über die Adresse http://z3950gw.d-nb.de/z3950/zfo_get_file.cgi?fileName=DDB/searchForm.html erreichbar und für die kostenfreie Recherche zugänglich.

- **Französische Nationalbibliografie**
  Online zu erreichen unter http://bibliographienationale.bnf.fr
- **Britische Nationalbibliografie**
  Online erreichbar unter http://www.bl.uk
- **Nationalbibliografie der Vereinigten Staaten von Amerika**
  Die nationalbibliografische Situation in den USA ist mit der in Deutschland, Frankreich oder Großbritannien nicht unmittelbar zu vergleichen.[42] Eine Nationalbibliothek im engeren Sinne gibt es nicht. Stattdessen sind drei verschiedene Bibliotheken als nationale Bibliotheken anzusehen: die Library of Congress, die National Library of Medicine und die National Agricultural Library. Die Library of Congress steht an der Spitze dieser wichtigen Bibliotheken nationalen Zuschnitts. Sie gibt allerdings keine Nationalbibliografie heraus. Stattdessen existieren verschiedene bibliographische Veröffentlichungen nebeneinander, die Neuerscheinungen vorstellen und Zusammenfassungen liefern. Die Arbeit mit mehreren unterschiedlichen Bibliografien und Verzeichnissen bereitet jedoch offenbar keine Probleme, sonst wäre das Projekt der offiziellen Nationalbibliografie „National Union Catalog: US books" 1987 nicht nach vier Jahren eingestellt worden. Auch wenn immer wieder betont wird, dass die Library of Congress nicht alle im Buchhandel erschienenen Publikationen in ihren Bestand aufnimmt, so ist dennoch davon auszugehen, dass die meisten Veröffentlichungen dort vorhanden und verzeichnet sind.
  Internetadressen: http://www.loc.gov
  http://www.nlm.nih.gov
  http://www.nal.usda.gov.

Fachbibliografien weisen Dokumente zu einem oder mehreren verwandten Fachgebieten nach.[43] Ein Beispiel für eine Fachbibliografie ist die

---

[42] Vgl. hierzu und im Folgenden auch Kneschke, Anne: Die nationalbibliographische Literaturinformation in den USA, 2005.
[43] Vgl. Komitee Terminologie und Sprachfragen der Deutschen Gesellschaft für Informationswissenschaft und -praxis (DGI) (Hrsg.): Terminologie der Information und Dokumentation, ohne Jahr, Randnr. 63-23-3.

3.2 Rechercheinstrumente – Hilfsmittel zur Literaturrecherche

Bibliografie der Wirtschaftswissenschaften, die von der Bibliothek des Instituts für Weltwirtschaft an der Universität Kiel zusammengestellt wird. Sie erscheint jährlich und versteht sich als internationale Dokumentation der Buch- und Zeitschriftenliteratur der Wirtschaftswissenschaften.

Eine *Spezialbibliografie* ist eine Bibliografie, die Dokumente zu bestimmten Spezialgebieten, speziellen Problemstellungen oder bestimmten Dokumentenarten nachweist.[44] Für das wissenschaftliche Arbeiten kommt insbesondere den Hochschulschriftenverzeichnissen und den Zeitschriftenbibliografien eine besondere Bedeutung zu.

Hochschulschriftenverzeichnisse sind in der Regel länderbezogen. Sie bibliografieren die wissenschaftlichen Arbeiten, die an den Hochschulen eines Landes erstellt werden. Das deutsche Hochschulschriftenverzeichnis wird von der Deutschen Nationalbibliothek erstellt. Es verzeichnet die Dissertationen und Habilitationsschriften deutscher Hochschulen und deutschsprachige Dissertationen und Habilitationsschriften des Auslands, unabhängig von ihrer Erscheinungsform. Das deutsche Hochschulschriftenverzeichnis erscheint als Reihe H der deutschen Nationalbibliografie monatlich in verschiedenen Versionen.[45] Die meisten Bibliotheken haben eine Ausgabe auf CD-ROM. Ab 1990 sind die Hochschulschriften zusätzlich über den OPAC der Deutschen Nationalbibliothek recherchierbar (http://www.d-nb.de).

Das Hochschulschriftenverzeichnis "Dissertation Abstracts Online" enthält praktisch jede amerikanische Dissertation seit 1861, die an einer akkreditierten Hochschule verfasst worden ist.[46] Seit 1962 finden sich auch ausgewählte Master-Arbeiten in der Datenbank. 1988 wurde die Datenbank erneut erweitert. Seitdem sind Dissertationen von 50 britischen Universitäten ebenfalls verzeichnet. Außerdem wurden mit Ausgabe 2 (Frühjahr) 1988 Bibliografien und Inhaltsangaben aus der Section C, Worldwide Dissertations (formerly European Dissertations) in die Datenbank integriert. Ab 1980 ist zu jeder Dissertation eine Zusammenfassung gespeichert, die von den Autoren selbst verfasst worden ist. Die Online-Recherche ist nicht mög-

---

[44] Vgl. Komitee Terminologie und Sprachfragen der Deutschen Gesellschaft für Informationswissenschaft und -praxis (DGI) (Hrsg.): Terminologie der Information und Dokumentation, ohne Jahr, Randnr. 63-24-3.
[45] Deutsche Nationalbibliothek: Deutsche Nationalbibliografie, 2008.
[46] Thomson Dialog: Dissertation Abstracts Online, 2004, S. 1

lich, aber große Universitätsbibliotheken bieten in der Regel die Möglichkeit zur CD-ROM-Recherche.

Weil Fachzeitschriftenartikel zu den wichtigsten Quellen für eine wissenschaftliche Arbeit zählen, kommt den *Zeitschriftenbibliografien* eine große Bedeutung zu. Es gibt solche, die nur die Zeitschriften als solche mit Titel, Verlag, Erscheinungsweise und ähnlichen Informationen verzeichnen, und solche, die eigentlich besser als *Zeitschrifteninhaltsbibliografien* bezeichnet werden. Diese ermöglichen den Zugriff auf die in den Zeitschriften publizierten Beiträge und sind daher für die Literaturrecherche unverzichtbar. Die wichtigsten Zeitschrifteninhaltsbibliografien liegen als Datenbanken vor, die offline oder online über Computerprogramme abgefragt werden können. Eine Zusammenstellung wichtiger Datenbanken findet sich in Abschnitt 3.2.3.

Eine Sonderstellung unter den Zeitschriftenbibliografien nimmt die *Elektronische Zeitschriftenbibliothek* ein, die im Rahmen eines Projektes von der Universitätsbibliothek Regensburg in Kooperation mit der Bibliothek der Technischen Universität München entwickelt wurde. Mit dem von ihr gebotenen schnellen, strukturierten und einheitlichen Zugang zu wissenschaftlichen Volltextzeitschriften, stellt sie eine Zeitschriftenbibliografie im engeren Sinne dar, die 19.785 Titel umfasst, davon 2.217 reine Online-Zeitschriften, zu allen Fachgebieten. Mit der Entwicklung einer Aufsatzsuche, die als einer der nächsten Schritte geplant ist, wird die Elektronische Zeitschriftenbibliothek zur Zeitschrifteninhaltsbibliografie ausgebaut. Die Internetadresse lautet: http://www.bibliothek.uni-regensburg.de/ezeit.

In *Buchhandelsverzeichnissen* wie beispielsweise dem deutschen „Verzeichnis lieferbarer Bücher" oder dem englischen „Global Books in Print" findet sich die zurzeit auf dem Buchmarkt erhältliche Literatur. Sie dienen den Buchhändlern für ihre Recherche und Bestellung. Die Verzeichnisse gibt es in schriftlicher Form oder auf CD-ROM. Die offiziellen Buchhandelsverzeichnisse sind – mit Ausnahme des deutschen Verzeichnisses lieferbarer Bücher (http://www.buchhandel.de) – nicht im Internet. Manche Bibliotheken bieten die Möglichkeit zur CD-ROM-gestützten Recherche. Ersatzweise kann man aber auch in den Katalogen der großen Online-Buchlieferanten recherchieren, wie beispielsweise unter

- http://www.amazon.de

- http://www.bol.de
- http://www.libri.de
- http://www.buchkatalog.de

3.2.2 Bibliothekskataloge

Bibliothekskataloge verzeichnen den Bestand einer Bibliothek.[47] Sie enthalten – anders als die Bibliografien – auch Informationen zum Standort der Titel in der betreffenden Bibliothek. Die Breite und Tiefe der Titel kann je nach Größe und Spezialisierung der Bibliothek sehr unterschiedlich sein. Über das umfassendste Angebot verfügen regelmäßig die Nationalbibliotheken. Ihre Kataloge sind näherungsweise deckungsgleich mit den Nationalbibliografien.

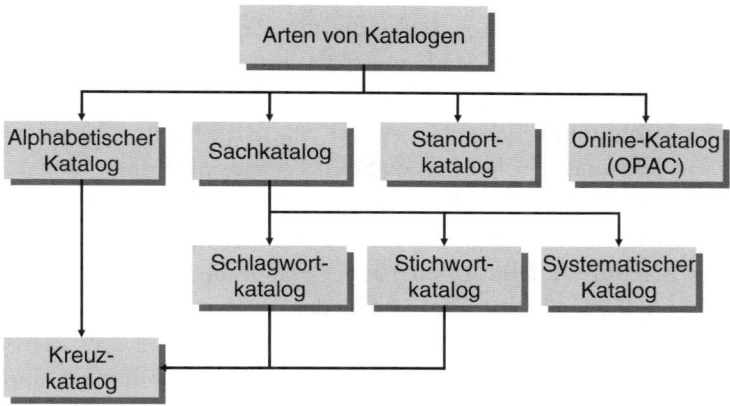

Abbildung 6: Arten von Bibliothekskatalogen

Die meisten Bibliotheken arbeiten nicht mehr oder nur noch in Teilbereichen mit Karteikarten- oder Mikrofiche-Katalogen. Sie sind ersetzt durch datenbankbasierte, elektronische Kataloge – so genannte OPACs (Online Public Access Catalogs) oder auch Online-Kataloge. Alle übrigen in Abbildung 6 gezeigten Katalogtypen haben deutlich an Bedeutung verloren. Das liegt daran, dass die OPACs viel komfortablere und viel weiter reichende Suchmöglichkeiten bieten, als das bei den traditionellen Katalogen

---

[47] Vgl. Rupert Hacker: Bibliothekarisches Grundwissen, 2000, S. 170.

möglich war. Außerdem sind die meisten OPACs inzwischen auch über das Internet zu erreichen und machen so Literaturrecherchen vom heimischen Schreibtisch aus möglich. Nur für die Recherche in alten Beständen muss gelegentlich noch auf die traditionellen (Karteikasten-)Kataloge zugegriffen werden.

Der Alphabetische Katalog (auch Formal- oder Nominalkatalog) umfasst alle Titel einer Bibliothek alphabetisch geordnet nach Verfassername und Sachtitel.[48] Dabei werden Schriften mit bis zu drei Verfassern nach dem Nachnamen des ersten Autors einsortiert. Bei mehr als drei Verfassern erfolgt die Einordnung nach dem Sachtitel. Herausgeberwerke werden analog behandelt.

Sachkataloge erschließen die Bibliotheksbestände nach inhaltlichen Kriterien. Im Schlagwortkatalog wird der Gesamtbestand nach Schlagwörtern gegliedert und innerhalb eines Schlagwortes wiederum alphabetisch wie im Formalkatalog sortiert. Ein Schlagwort ist ein möglichst kurzer, aber treffender Ausdruck, der den Inhalt eines Werkes gut beschreibt.[49] Es wird vom Autor oder Bibliothekar vergeben.[50] Der Stichwortkatalog ist dem Schlagwortkatalog sehr ähnlich. Statt eines Schlagwortes als Gliederungskriterium verwendet er jedoch ein Stichwort, das dem Titel oder Untertitel der Arbeit entnommen wird, was eine geringere intellektuelle Leistung erfordert. Systematische Kataloge gliedern den Bibliotheksbestand in sachlich-logischer Hinsicht.[51] So lässt sich beispielsweise der Bestand an wirtschaftswissenschaftlicher Literatur in die betriebswirtschaftlichen und volkswirtschaftlichen Titel unterscheiden, und auf dieser Ebene etwa weiter in Marketing-, Rechnungswesen-, Personalliteratur usw. einteilen.

Standortkataloge haben die Aufgabe, den Benutzer einer Präsenzbibliothek zu den ihn interessierenden Werken zu führen. Damit verzeichnet er die

---

[48] Vgl. Rupert Hacker: Bibliothekarisches Grundwissen, 2000, S. 181.
[49] Vgl. Rupert Hacker: Bibliothekarisches Grundwissen, 2000, S. 195.
[50] Bibliothekare folgen dabei bestimmten Regeln. Einen Überblick über diese bietet Rupert Hacker: Bibliothekarisches Grundwissen, 2000, S. 195–201.
[51] Vgl. Komitee Terminologie und Sprachfragen der Deutschen Gesellschaft für Informationswissenschaft und -praxis (DGI) (Hrsg.): Terminologie der Information und Dokumentation, ohne Jahr, Randnr. 63-24-4.

3.2 Rechercheinstrumente – Hilfsmittel zur Literaturrecherche 55

Zuordnung von Standorten und Standortsignaturen.[52] Er spiegelt somit die in einer Bibliothek gewählte räumliche und meist auch thematische Ordnung des vorhandenen Quellenbestandes wider.

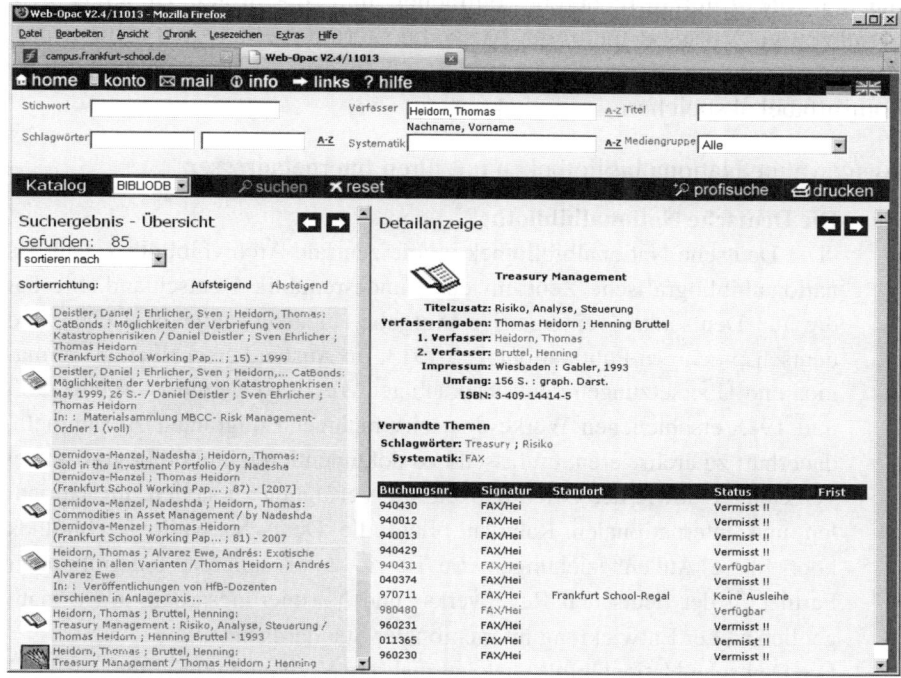

Abbildung 7: Web-OPAC der Frankfurt School of Finance & Management

Die Kombination aus Schlag- und Stichwortkatalogen mit dem Alphabetischen Katalog ergibt einen so genannten Kreuzkatalog.[53] In diesem ist jedes vorhandene Werk regelmäßig mehrfach erfasst. Weil das Erstellen von Kreuzkatalogen ziemlich mühsam und zeitraubend und die Recherchearbeit auch nicht gerade effizient ist, haben Kreuzkataloge nie eine sehr große Rolle gespielt. Sie sind hier nur der Vollständigkeit halber erwähnt.

---

[52] Signaturen sind Standortnummern, die nach unterschiedlichen Konventionen zugeteilt werden. Einen Überblick über die verschiedenen Möglichkeiten bietet: Rupert Hacker: Bibliothekarisches Grundwissen, 2000, S. 255–262.
[53] Vgl. Komitee Terminologie und Sprachfragen der Deutschen Gesellschaft für Informationswissenschaft und -praxis (DGI) (Hrsg.): Terminologie der Information und Dokumentation, ohne Jahr, Randnr. 64-29-3.

Online-Kataloge bieten den computergestützten Zugang zum Bestand einer Bibliothek. Dabei kommen alle Vorteile moderner Computertechnik zum Tragen. Benutzerfreundliche Suchmasken – wie in Abbildung 7 gezeigt – machen die Literaturrecherche einfacher und mächtiger zugleich. Die gleichzeitige Vorgabe mehrerer Auswahlkriterien stellt kein Problem dar. Außerdem lassen sich Suchergebnisse ausdrucken, manchmal auch komfortabel abspeichern.

Ausgewählte Nationalbibliotheken mit ihren Internetadressen:

- **Die Deutsche Nationalbibliothek**
  "Die Deutsche Nationalbibliothek ist die zentrale Archivbibliothek und das nationalbibliografische Zentrum der Bundesrepublik Deutschland. Sie hat die für Deutschland einzigartige Aufgabe, lückenlos alle deutschen und deutschsprachigen Publikationen ab 1913, im Ausland erscheinende Germanica und Übersetzungen deutschsprachiger Werke sowie die zwischen 1933 und 1945 erschienenen Werke deutschsprachiger Emigranten zu sammeln, dauerhaft zu archivieren, umfassend zu dokumentieren und bibliografisch zu verzeichnen sowie der Öffentlichkeit zur Verfügung zu stellen. Im nationalen und internationalen Rahmen pflegt die Deutsche Nationalbibliothek kooperative Außenbeziehungen. So ist sie unter anderem federführender Partner in der deutschen Regelwerks- und Normierungsarbeit sowie maßgeblich an der Entwicklung internationaler Standards beteiligt.
  Die Deutsche Nationalbibliothek hat mehrere Vorgängereinrichtungen: 1912 wurde die Deutsche Bücherei mit Sitz in Leipzig gegründet, 1947 die Deutsche Bibliothek Frankfurt am Main. Das 1970 gegründete Deutsche Musikarchiv Berlin ist dem Standort Leipzig als Abteilung zugeordnet und wird mit Fertigstellung des 4. Erweiterungsbaus nach Leipzig umziehen. Mit der Wiedervereinigung Deutschlands wurden diese Einrichtungen zu der Gesamtinstitution ‚Die Deutsche Bibliothek' vereinigt, die 2006 einen erweiterten gesetzlichen Auftrag und einen neuen Namen erhielt: Deutsche Nationalbibliothek."[54]
  Die Deutsche Nationalbibliothek verzeichnet Bücher, Zeitschriften, Karten, Hochschulschriften, Musikalien und Musiktonträger, aber beispielsweise keine Zeitschriftenaufsätze.
  http://www.d-nb.de

---

[54] Die Deutsche Nationalbibliothek: Die Deutsche Nationalbibliothek im Überblick, 2008.

3.2 Rechercheinstrumente – Hilfsmittel zur Literaturrecherche

- **Bibliotheque Nationale de France**
  http://www.bnf.fr
- **British Library**
  http://www.bl.uk
- **Library of Congress**
  Die amerikanische Nationalbibliothek ist interessant wegen ihres großen Bestands (121 Millionen Objekte). Sie bietet sehr gute Internet-Recherchemöglichkeiten und viele Verweise auf Online-Kataloge amerikanischer Universitäten.
  http://catalog.loc.gov

Praktisch alle deutschen Universitäten und Fachhochschulen bieten Recherchemöglichkeiten in ihren Beständen über das Internet. Der Vorteil der räumlich nahe liegenden Bibliotheken besteht darin, dass sich die Quellen ausleihen und einsehen lassen. Im Rhein-Main-Gebiet sind beispielsweise die folgenden Bibliotheken zu finden:

- **Die Deutsche Nationalbibliothek**
  (Erläuterungen siehe S. 56)
- **Stadt- u. Universitätsbibliothek Frankfurt**
  Der OPAC weist auch die Bestände der Fachbereichsbibliothek Wirtschaft nach. Die Datenbank enthält den Bibliotheksbestand ab etwa 1986. Die Suche nach Stichwörtern ist möglich, Schlagwörter sind ab ca. 1995 vergeben.
  OPAC: http://webopac.server.uni-frankfurt.de
- **Bibliothek der Frankfurt School**
  Die Bibliothek der Frankfurt School of Finance & Management dient der Literaturversorgung der Studierenden, Dozenten und Mitarbeiter. Sie verfügt derzeit über einen Bestand von ca. 22.000 Bänden an studienbegleitender und -vertiefender Literatur folgender Fachgebiete: Allgemeine Nachschlagewerke, Allgemeine Wirtschaftswissenschaften, Volkswirtschaftslehre, Allgemeine Betriebswirtschaftslehre, Spezielle Betriebswirtschaftslehre, Bankbetriebslehre, Rechtswissenschaft
  OPAC: http://opac.frankfurt-school.de (nur für registrierte Benutzer)
- **Universitäts- und Landesbibliothek Darmstadt**
  Der Online-Katalog der ULB verzeichnet Bücher und andere Medien der Universitäts- und Landesbibliothek ab dem Erscheinungsjahr 1987 und –

soweit erfasst – auch frühere. Zudem enthält er die Bestände einzelner Fachbereichs- bzw. Institutsbibliotheken der TU Darmstadt sowie alle Zeitschriften der Technischen Universität Darmstadt.
OPAC: http://elib.tu-darmstadt.de/ulb

- **Universitätsbibliothek der Johannes Gutenberg-Universität Mainz**
  Der Online-Katalog verzeichnet Bücher (ab Erscheinungsjahr 1987 und zunehmend ältere Titel) und alle Zeitschriften der Zentralbibliothek und der Bibliotheken der Fachbereiche
  OPAC: http://opac.ub.uni-mainz.de

- **Hessische Landesbibliothek Wiesbaden**
  Einen wichtigen Teil des Bestands bildet die moderne wissenschaftliche Grundlagenliteratur. Die überwiegend deutschsprachigen Publikationen verteilen sich auf nahezu alle Wissensgebiete und Fachrichtungen. Der Online-Katalog erlaubt Recherchen in allen Zeitschriften und Büchern ab dem Erscheinungsjahr 1981.
  OPAC: http://www.hlb-wiesbaden.de/lev1/2.html

Zu Recherchezwecken im Bereich der Wirtschaftswissenschaften zu empfehlen sind darüber hinaus auch die Bibliotheken der drei renommierten deutschen Universitäten Köln, Mannheim und München sowie die Deutsche Zentralbibliothek für Wirtschaftswissenschaften

- **Universitäts- und Stadtbibliothek Köln**
  http://www.ub.uni-koeln.de

- **Universitätsbibliothek Mannheim**
  http://www.bib.uni-mannheim.de

- **Universitätsbibliothek München**
  http://www.ub.uni-muenchen.de

- **ZBW - Deutsche Zentralbibliothek für Wirtschaftswissenschaften**
  http://www.econis.eu/

Verbundkataloge bieten die Möglichkeit, die Bestände mehrerer, nach regionalen Gesichtspunkten ausgewählter Bibliotheken gemeinsam zu durchsuchen.

- **Bibliotheksverbund Bayern (BVB)**
  Der BVB ist der regionale Zusammenschluss von über 100 Bibliotheken unterschiedlicher Größenordnungen und Fachorientierungen in Bayern. Zum

3.2 Rechercheinstrumente – Hilfsmittel zur Literaturrecherche 59

Verbund gehören u.a. die Bayerische Staatsbibliothek, die Universitäts- und Fachhochschulbibliotheken, die regionalen staatlichen Bibliotheken. http://www.bib-bvb.de/

- **Gemeinsamer Bibliotheksverbund (GBV)**
 Der GBV umfasst Bibliotheken der Länder Bremen, Hamburg, Mecklenburg-Vorpommern, Niedersachsen, Sachsen-Anhalt, Schleswig-Holstein, Thüringen und der Stiftung Preußischer Kulturbesitz. Der Gemeinsame Verbundkatalog GVK ist der frei zugängliche Ausschnitt der Verbunddatenbank mit den für die Fernleihe und Direktlieferdienste relevanten Materialien. Im GVK sind über 28,2 Mio. Titel mit mehr als 59,2 Mio. Besitznachweisen von Büchern, Zeitschriften, Aufsätzen, Kongressberichten, Mikroformen, elektronischen Dokumenten, Datenträgern, Musikalien, Karten etc. nachgewiesen. Zusätzlich sind die Zeitschriftennachweise aller subito-Lieferbibliotheken aus Deutschland und Österreich sowie weiterer deutscher Universitätsbibliotheken enthalten.
 http://gso.gbv.de/

- **Hessisches Bibliotheks-Informations-System (HEBIS)**
 Der hessische Verbundkatalog ist die zentrale Datenbank aller wissenschaftlichen Bibliotheken in Hessen und Rheinhessen.
 http://www.hebis.de

- **Kooperativer Bibliotheksverbund Berlin-Brandenburg (KOBV)**
 Der KOBV ist der Zusammenschluss aller Hochschulbibliotheken, aller öffentlichen Bibliotheken und vieler Spezialbibliotheken in Berlin und Brandenburg.
 http://search.kobv.de/

- **Südwestdeutscher Bibliotheksverbund (SWB)**
 Der Online-Katalog des SWB bietet Zugriff auf ca. 13 Mio. Titeln und rd. 49 Mio. Bestandsnachweisen von über 1.200 wissenschaftlichen Bibliotheken in Baden-Württemberg, dem Saarland, in Sachsen und weiterer Spezialbibliotheken in anderen Bundesländern.
 http://www.bsz-bw.de

- **Verbundkatalog Nordrheinwestfalen (HBZ)**
 Der Verbundkatalog enthält die Bestände der Hochschulbibliotheken Nordrhein-Westfalens und eines großen Teils von Rheinland-Pfalz, er weist momentan etwa 16 Mio. Titel nach.
 http://www.hbz-nrw.de/

Um sich einen möglichst vollständigen Überblick über die vorhandene Literatur zu einem bestimmten Thema zu verschaffen, ist der Karlsruher Virtuelle Katalog (KVK) besonders gut geeignet. Der KVK ist ein an der Universitätsbibliothek Karlsruhe entwickelter Metakatalog zum Nachweis von mehr als 500 Mio. Büchern und Zeitschriften in Bibliotheks- und Buchhandels-Katalogen weltweit. Neben dem klassischen KVK gibt es auf KVK-Technik basierende Regional- und Spezialkataloge.

- **Karlsruher Virtueller Katalog**
  http://www.ubka.uni-karlsruhe.de/kvk.html

Darüber hinaus bietet praktisch jede Bibliothek, die ein Internet-Angebot unterhält, Listen mit WWW-Verweisen auf weiterführende Recherchemöglichkeiten.

3.2.3 Literaturdatenbanken

Literaturdatenbanken werden überwiegend von kommerziellen Anbietern erstellt. Sie bieten dem Nutzer Recherchemöglichkeiten mindestens in den bibliografischen Angaben der verzeichneten Werke, gelegentlich auch in den Kurzzusammenfassungen (Abstracts) oder sogar den Volltexten. Sie haben für die Literaturrecherche eine sehr große Bedeutung erlangt, weil sie gegenüber den Bibliothekskatalogen zwei wesentliche Vorteile bieten: sie sind erstens nicht auf den Bestand einer Bibliothek oder eines Bibliotheksverbundes beschränkt und sie verzeichnen zweitens auch die einzelnen Artikel in den jeweils ausgewählten Zeitschriften.[55] Ihr Nachteil, dass sie sich auf einzelne Fachbereiche beschränken, also im Grunde Fachbibliografien darstellen, ist für viele wissenschaftliche Arbeiten nicht sehr relevant. Bei sehr interdisziplinär ausgerichteten Arbeiten ist allerdings das Heranziehen mehrerer Literaturdatenbanken unumgänglich.

Die meisten Literaturdatenbanken können auf zwei Arten genutzt werden:

- Bei der Offline-Recherche händigt die Bibliothek die CD-ROM aus oder stellt einen entsprechend ausgerüsteten PC bereit. Viele Bibliotheken arbeiten auch mit CD-ROM-Servern, die die aufwändige Ausleihe und

---

[55] Christine Stickel-Wolf und Joachim Wolf: Wissenschaftliches Arbeiten und Lerntechniken, 2002, S. 120.

Rückgabe der Datenträger überflüssig machen. Da die CD-ROMs in der Regel höchstens vierteljährlich aktualisiert werden, sind die neuesten Informationen unter Umständen noch nicht verzeichnet.

- Die Online-Recherche erfolgt über das Internet oder eine andere Datenleitung direkt auf der Datenbank des jeweiligen Anbieters. Hierbei ist höchstmögliche Aktualität gewährleistet. Nicht in jedem Fall ist diese Art der Recherche jedoch kostenlos möglich. Manchmal wird die Online-Zeit, manchmal die Zahl der Abfragen berechnet. Es gibt aber auch Anbieter, bei denen die Recherche kostenlos möglich ist, und nur für das Abrufen der gefundenen Artikel ein Entgelt berechnet wird. Viele Hochschulen haben mit den Anbietern spezielle Lizenzverträge abgeschlossen, so dass die Suche in den Datenbanken von bestimmten oder allen Rechnern einer Hochschule kostenlos möglich ist. Oftmals stehen die lizensierten Datenbanken auch von überall außerhalb der Campus-Gebäude online zur Verfügung. Dann ist für den Zugriff in der Regel eine Anmeldung mit Benutzername und Kennwort vonnöten.

Die Zahl der Literaturdatenbanken ist inzwischen fast unüberschaubar groß geworden. Zwei sehr bekannte deutsche Datenbanken sind beispielsweise BLISS und ECONIS.

- **BLISS**
  Die BLISS-Datenbank umfasst bibliografische Angaben und Kurzreferate von betriebswirtschaftlicher Literatur. Zurzeit werden dafür 390 deutsch- und englischsprachigen Zeitschriften ausgewertet. Außerdem werden Monografien aufgeführt. BLISS ist beispielsweise enthalten in dem von GBI-Genios[56] angebotenen Informationspool WISO Wirtschaftswissenschaften.

- **ECONIS**
  Die Datenbank verzeichnet Bücher und Zeitschriften aus den Bereichen Betriebswirtschaftslehre, Volkswirtschaftslehre und Wirtschaftspraxis.

---

[56] Die GBI-Genios Deutsche Wirtschaftsdatenbank GmbH ist Datenbankproduzent, Datenbankhost und Informations-Dienstleister unter einem Dach. Die Gesellschaft arbeitet gewinnorientiert und ist unabhängig von staatlicher Förderung. Sie ist ein Unternehmen der Frankfurter Allgemeine Zeitung GmbH und der Verlagsgruppe Handelsblatt GmbH, hat ihren Sitz in München und gehört zu den großen Anbietern von Literaturdatenbanken in Deutschland.

Darüber hinaus sind in ECONIS Zeitschriftenaufsätze und Aufsätze aus Sammelwerken nachgewiesen. Eine Besonderheit der Datenbank ist der hohe Anteil an Literatur, die nicht im Buchhandel erscheint. Dazu zählen bspw. Arbeits- und Diskussionspapiere, Dissertationen und Statistiken. Der Online-Katalog ECONIS der Deutschen Zentralbibliothek für Wirtschaftswissenschaften (ZBW) bietet Zugriff auf mehr als 3 Millionen Nachweise von gedruckter und elektronischer wirtschaftswissenschaftlicher Literatur aus aller Welt. Jährlich kommen etwa 90.000 neue Einträge hinzu.

Eine jüngere Initiative ist das seit 2002 existierende deutsche digitale Zeitschriftenarchiv DigiZeitschriften (http://www.digizeitschriften.de). Es versteht sich als ein Service für das wissenschaftliche Arbeiten. Über einen kontrollierten Nutzerzugang können Studierende und Wissenschaftler auf derzeit rund 135 Zeitschriften aus den verschiedensten Fachgebieten zugreifen.

Umfangreiche Listen und Beschreibungen von weiteren recherchierbaren Datenbanken finden sich im Internet, z. B. bei http://www.genios.de. Häufig gibt es von verschiedenen Anbietern auch unterschiedliche Zugänge zur selben Datenbank. Neben vielen Bibliotheken bieten auch kommerzielle Anbieter Recherchemöglichkeiten in Datenbanken an. Das sind beispielsweise (ohne Anspruch auf Vollständigkeit):

- **Deutsche Anbieter**
  - **GBI-Genios Deutsche Wirtschaftsdatenbank GmbH.**
    http://www.genios.de
  - **juris GmbH Juristisches Informationszentrum für die Bundesrepublik Deutschland**
    http://www.juris.de
  - **report-online der Protecting Internet-Online-Dienste GmbH**
    http://www.report-online.de
  - **FIZ Fachinformationszentrum Karlsruhe, Gesellschaft für wissenschaftlich-technische Information mbH**
    http://www.fiz-karlsruhe.de
  - **The Dialog Corporation**
    http://www.dialog.com

3.2 Rechercheinstrumente – Hilfsmittel zur Literaturrecherche

- **LexisNexis**
  http://lexis-nexis.com
- **Ingenta**
  http://www.ingenta.com
  (Die Recherche ist kostenlos möglich.)

• **Internationale Anbieter**
  - **EBSCO Information Service**
    http://www.ebsco.com
  - **ManagementXtra (Emerald)**
    http:// www.emeraldinsight.com
  - **Project MUSE**
    http://muse.jhu.edu/
  - **JSTOR**
    http://www.jstor.org
  - **ProQuest Information and Learning**
    http://www.proquest.com
  - **ELSEVIER ScienceDirect**
    http://www.sciencedirect.com
  - **SpringerLink**
    http://www.springerlink.de
  - **Thomson**
    http://www.thomson.com

Die große Breite und Tiefe der abfragbaren Informationen sowie die in der Regel sehr gute Rechercheoberfläche haben jedoch ihren Preis. Die Konditionen sind unterschiedlich, aber üblicherweise wird entweder jede einzelne Rechercheanfrage oder die Dauer der Benutzung berechnet. Die Übermittlung eines Dokuments wird meistens ebenfalls angeboten, aber nochmals separat berechnet. Die ausgiebige Nutzung solcher Anbieter kann daher sehr schnell sehr teuer werden. Vorsicht ist geboten.

Kostenfreie Möglichkeiten zur Literaturrecherche bieten die Datenbanken von Dokumentenlieferdiensten, die von Zusammenschlüssen wissenschaftlicher Bibliotheken angeboten werden:

- **subito**
  subito ist das Ergebnis einer vom Bundesministerium für Bildung und Forschung und den Ländern durchgeführten Initiative zur Beschleunigung der Literaturversorgung. Der Dokumentenlieferdienst ermöglicht die Online-Recherche wie auch die Bestellung und direkte Lieferung von Fachliteratur an den Benutzerarbeitsplatz. Mehrere Millionen Zeitschriften und Bücher in europäischen Bibliotheken bilden für alle Bereiche der Wissenschaft, Wirtschaft und Gesellschaft eine wichtige Basis der Informationsversorgung.
  subito ist über die Internetadresse http://www.subito-doc.de erreichbar. Welche Bibliotheken an subito teilnehmen ist dort über den Link „Über subito – Wer nimmt teil" in Erfahrung zu bringen.

- **JADE/JASON**
  JASON erlaubt die Bestellung von Zeitschriftenaufsätzen, die in einer der Hochschulbibliotheken des Landes NRW vorhanden sind. Die Recherche erfolgt über die Datenbank JADE (Journal Articles Database) mit zurzeit rund 5,7 Mio. Aufsatznachweisen aus ca. 24.000 Zeitschriften seit 1992. Die JADE-Datenbank steht nur für nicht-kommerzielle Zwecke für Benutzer mit der Domain-Kennung „.de" (Deutschland) und entsprechenden Eintrag des benutzen PCs im Internet-Namensserver zur Verfügung. JADE ist über die Internetadresse http://www.ub.uni-bielefeld.de/databases/jade erreichbar.

3.2.4 Internetkataloge und -suchmaschinen

Es gibt ein vielfältiges Angebot an Hilfsmitteln für die Suche im Internet.[57] Wichtig für die Auswahl der adäquaten Suchstrategie mit diesen Werkzeugen ist die Unterscheidung in Suchmaschinen und thematischen Katalogen.

Suchmaschinen durchforsten das Internet mit automatisch arbeitenden Programmen (so genannte Robots oder Spider) und legen riesige Datenbanken an. Diese ordnen die in den Webinhalten gefundenen Wörter ihren Internetadressen zu. Eine Anfrage an eine Suchmaschine liefert demnach alle Inter-

---

[57] Ein sehr umfassendes Verzeichnis deutschsprachiger Suchmaschinen, Kataloge, Verzeichnisse und Linksammlungen bietet „Das Suchlexikon" unter http://www.suchlexikon.de.

3.2 Rechercheinstrumente – Hilfsmittel zur Literaturrecherche

netseiten, die dem Suchauftrag entsprechen und in dem Moment der Abfrage in der Datenbank verzeichnet sind.

Hinter thematischen Katalogen stehen Menschen, die eine Auswahl treffen und die jeweiligen Internetquellen in eine thematische Ordnung bringen. Der Aufbau ist hierarchisch, die verschiedenen Kategorien werden in weitere Unterkategorien gegliedert. Ähnliche Internetangebote stehen also gesammelt innerhalb einer Kategorie. Über diese Verzeichnisse bekommt der Recherchierende einen strukturierten Zugriff auf die Internetdokumente, die eine Art Filterfunktion übernehmen. Allerdings ist die Zahl der nachgewiesenen Dokumente regelmäßig kleiner als bei den Suchmaschinen.

Je nach Ziel und Zweck der Suche, macht es mehr Sinn, mit thematischen Katalogen oder Suchmaschinen zu arbeiten.[58] Mit den thematischen Katalogen sucht am besten, wer ...:

- ... keinen speziellen Suchbegriff vor Augen hat, sondern sich einen Überblick über ein Thema verschaffen will (Verzeichnisse liefern dabei quasi als Abfallprodukt oft auch Anregungen für speziellere Suchbegriffe).
- ... eine schnelle Suche durchführen will, ohne von der Treffermenge „erschlagen" zu werden.

Mit den Suchmaschinen sucht am besten, wer ...:

- ... Informationen zu einem speziellen Begriff sucht, der in den thematischen Verzeichnissen nur schwer oder gar nicht zu finden ist.
- ... den gesamten Text einer Internetquelle ausgewertet haben will, denn in den thematischen Verzeichnissen werden nur Beschreibungen einer Seite gespeichert, nicht aber der gesamte Inhalt.

Bekannte thematische Kataloge sind beispielsweise Yahoo (www.yahoo.de) oder Web.de (www.web.de).[59] Für das wissenschaftliche Arbeiten von besonderer Relevanz sind die Themenportale Vascoda und EconBiz.

- „Vascoda ist ein interdisziplinäres Internetportal für wissenschaftliche Information in Deutschland."[60] Mit dem gemeinsamen Portal und

---

[58] Vgl. hierzu auch die Empfehlungen von Stefan Karzauninkat: Die Suchfibel, 2001, S. 22–25.
[59] Yahoo bietet neben dem thematischen Katalog auch eine Suchmaschine.

einer systematischen Bündelung unterschiedlicher Angebote bietet vascoda eine sehr gute Informationsinfrastruktur. Neben vielem Anderen sind hier auch die EconBiz-Inhalte recherchier- und abrufbar. WWW-Adresse: http://www.vascoda.de.

- EconBiz ist eine wirtschaftswissenschaftliche virtuelle Fachbibliothek, die hauptsächlich deutschsprachige kostenlose Internetquellen bündelt. EconBiz umfasst Einträge mit Zusammenfassung und Verweis zu den Volltexten von kostenfrei zugänglichen Publikationen wie Arbeitsberichte, Diskussionspapiere usw. Außerdem sind dort Verweise auf wirtschaftswissenschaftlich bedeutsame Institutionen zusammengestellt. Es wird gemeinsam von der Deutschen Zentralbibliothek für Wirtschaftswissenschaften (ZBW) und der Universitäts- und Stadtbibliothek Köln (USB Köln) angeboten. Gefördert durch die Deutsche Forschungsgemeinschaft (DFG) und in Kooperation mit weiteren Institutionen wird EconBiz kontinuierlich ausgebaut. Das Ziel ist, einen zentralen Einstiegspunkt für alle Arten wirtschaftswissenschaftlicher Fachinformation und den direkten Zugang zum Volltext anzubieten. WWW-Adresse: http://www.econbiz.de.

Weitere wirtschaftswissenschaftlich fokussierte Themenportale mit allerdings weitaus weniger ausgeprägtem Forschungsbezug sind WiWi-TReFF und WiWi-Online.

- http://www.wiwi-treff.de
- http://wiwi-online.de

Von den Suchmaschinen gehört Google zu den zurzeit bekanntesten und beliebtesten. Seit 2004 gibt es einen auf den wissenschaftlichen Bereich fokussierten Ableger: Google Scholar (http://scholar.google.de). „Mit Google Scholar können Sie mühelos eine allgemeine Suche nach wissenschaftlicher Literatur durchführen. Sie können von einer Stelle aus viele verschiedene Bereiche und Quellen finden: Dazu gehören von Kommilitonen bewertete Seminararbeiten, Magister-, Diplom- sowie Doktorarbeiten, Bücher, Zusammenfassungen und Artikel, die aus Quellen wie akademischen Verlagen, Berufsverbänden, Magazinen für Vorabdrucke, Universitäten und anderen Bildungseinrichtungen stammen. Google Scholar hilft

---

[60] Vascoda: Über uns, 2005.

3.2 Rechercheinstrumente – Hilfsmittel zur Literaturrecherche

Ihnen, die wichtigsten Arbeiten auf dem Gebiet der wissenschaftlichen Forschung zu ermitteln."[61]

Der bedeutendste Konkurrent von Google Scholar ist Scirus. (http://www.scirus.com). Scirus nimmt für sich in Anspruch, die umfassendste wissenschafts-fokussierte Suchmaschine zu sein. Sie durchsucht über 450 Mio. wissenschaftlich relevante Webseiten, filtert nicht-wissenschaftliche Inhalte heraus ist darauf spezialisiert, PDF und Postscript-Dateien wissenschaftlicher Artikel zu finden.[62]

Metasuchmaschinen haben üblicherweise keine eigenen Suchfunktionen; sie bieten in der Regel eine komfortable Oberfläche, mit der eine Vielzahl von Suchmaschinen gleichzeitig abgefragt werden kann. Deren Ergebnisse werden dann – hoffentlich übersichtlich – zusammengefasst und präsentiert. Beispiel für eine deutsche Metasuchmaschine ist MetaGer, die vom Rechenzentrum der Universität Hannover betrieben wird. Die Internetadresse ist http://www.metager.de.

Bei manchen Fragestellungen kann es hilfreich sein, nicht in allgemeinen, sondern in spezifischen Suchmaschinen zu recherchieren. Hier helfen die Verzeichnisse für spezialisierte Suchmaschinen weiter, wie sie etwa www.klug-suchen.de bietet.

Die Masse der im Internet verfügbaren Informationen, die die Trefferlisten leicht in die Tausende explodieren lässt, verlangt nach intelligenten Suchstrategien, um die gewünschten Informationen zu finden. Gute Ansätze und viele Tipps findet der interessierte Recherchierende hierzu bei:

- Babiak, Ulrich: Effektive Suche im Internet. 4., aktualisierte u. überarb. Auflage. Beijing et al.: O'Reilly, 2001.
- Hehl, Hans: Die elektronische Bibliothek. Literatur- und Informationsbeschaffung im Internet. 2., überarb. und erw. Auflage. München: Saur, 2001.
- Karzauninkat, Stefan: Die Suchfibel. Wie findet man Informationen im Internet? 3. Auflage. Leipzig: Ernst Klett Verlag, 2002.

---

[61] Google Scholar: Über Google Scholar, 2008
[62] Scirus: About Scirus, 2008

- Otto, Michael: Suchstrategien im Internet. Search Engines, Themenkataloge, Besprechungsdienste, Bonn et al.: Internat. Thomson Publ., 1997.

3.3 Recherchestrategien

Es ist eigentlich eine Selbstverständlichkeit, die aber im Eifer des Recherchierens dennoch gelegentlich übersehen wird: Die beste Recherchestrategie in der falschen Datenbank geht ins Leere. In einem Bibliothekskatalog beispielsweise, der ausschließlich den Bücherbestand einer Bibliothek nachweist, finden sich keine Zeitschriftenaufsätze. Dort nach solchen zu suchen, ist schlimmer als die berühmte Nadel im Heuhaufen aufzuspüren. Die wichtigste Voraussetzung für eine erfolgreiche Recherche ist daher die Auswahl des richtigen, auf die Problemstellung zutreffenden Datenbestands.

In den folgenden Abschnitten werden drei gebräuchliche Recherchestrategien besprochen: die datenbankfokussierten Schlag- und Stichwortwortrecherchen sowie die Schneeballsuche.

3.3.1 Schlagwortrecherche

Zur Erinnerung: Schlagwörter sind normierte und kontrollierte Begriffe, die den Inhalt einer Publikation möglichst knapp und genau wiedergeben sollen. Wenn Schlagworte vom Verfasser einer Schrift selbst vergeben wurden, sind sie meistens in hohem Maße zutreffend. Das ist jedoch nicht immer der Fall. Schlagworte können Publikationen auch von Dritten, etwa Bibliothekaren oder Datenbankproduzenten, aufgrund ihres Inhaltes zugeordnet werden. Da in diesem Fall jedoch selten der ganze Text zu Rate gezogen wird, sondern die Schlagwortvergabe meistens auf der Basis von Inhaltsverzeichnis und Zusammenfassung erfolgt, ist die Fehlerrate höher. Datenbankabfragen fördern dann immer wieder falsch oder zweifelhaft zugeordnete Werke zutage.

Für eine Schlagwortrecherche wird zuallererst eine Liste mit allen vergebenen Schlagwörtern benötigt. Kleinere Bibliotheken stellen den verwendeten Schlagwortindex als HTML- oder PDF-Dokument zu Verfügung. Größere Bibliotheken bieten eine Suchmöglichkeit und oder orientieren sich an der Schlagwortnormdatei, die von der Deutschen Nationalbibliothek in

3.3 Recherchestrategien

Kooperation mit den Bibliotheksverbünden erstellt wird. Zugriff hierauf bietet u. a. die Internetadresse http://melvil.d-nb.de/swd. Für eigene Recherchezwecke nutzen lässt sich daneben auch ein Service des Bibliothekszentrums Baden-Württemberg, der eigentlich für Autoren zur Auswahl der passenden Schlagworte für ihre Texte gedacht ist. Unter http://www.bsz-bw.de/cgi-bin/oswd-suche.pl lässt sich die Online-Schlagwortnormdatei nach passenden Schlagwörtern durchsuchen.

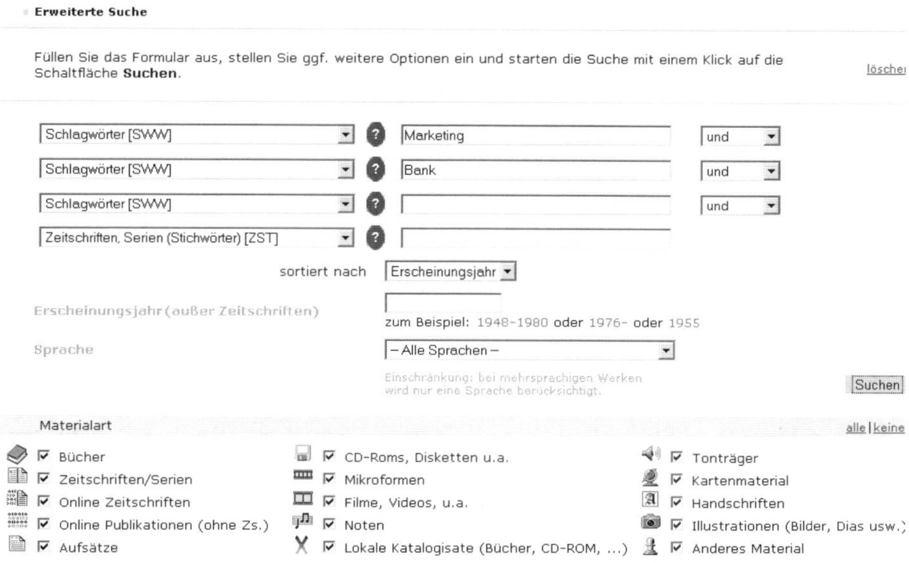

Abbildung 8: Schlagwortsuche mit dem OPAC der Bibliotheken der Johann-Wolfgang-Goethe-Universität Frankfurt am Main

Der große Vorteil der Schlagwortrecherche besteht darin, dass sich darüber – zumindest im Prinzip – alle Titel finden lassen, die zu einem bestimmten Themenbereich gehören. Allerdings führt die einfache Schlagwortrecherche auch rasch zu sehr umfangreichen Abfrageergebnissen. Dies passiert insbesondere dann, wenn gängige Begriffe als Schlagworte verwendet werden. Das Schlagwort Marketing beispielsweise liefert im OPAC der Bibliotheken der Johann-Wolfgang-Goethe-Universität Frankfurt am Main annähernd 3.200 Treffer. Diese große Menge an Titeln ist im Rahmen der wissenschaftlichen Forschung nicht mehr vernünftig auszuwerten, so dass fortgeschrittenere Abfragetechniken Anwendung finden müssen. In einem ersten Schritt bietet es sich an, mehrere Schlagwörter miteinander zu kombinieren, wie es beispielsweise Abbildung 8 zeigt. Die Schnittmenge der unter beiden Schlagwörtern verzeichneten Titel umfasst noch 98 Datensätze, was einfacher zu bewältigen ist. Die meisten Datenbanken erlauben weitaus komplexere Abfragen und benutzen dazu eine mehr oder weniger individuelle Abfragesprache. Hilfestellung hierzu bieten spezifische Dokumente der Anbieter.

3.3.2 Stichwortrecherche

Bei nicht wenigen Begriffen führt die Schlagwortsuche zu keinem Ergebnis. Das kann dann geschehen, wenn ein Synonym als Schlagwort benutzt, der gesuchte Begriff noch zu neu oder zu speziell ist und deshalb (noch) nicht als Schlagwort vergeben wurde. In solchen Fällen bleibt als Ausweg die Stichwortrecherche. In nicht strukturierten Datenbanken bleibt dem Recherchierenden ohnehin nichts anderes übrig, weil niemand sich die Mühe gemacht hat, Schlagwörter zu vergeben. Dies ist beispielsweise für den weitaus größten Teil des Internets der Fall.

Bei der Stichwortsuche ist zu beachten, dass sich nur die vorgegebene Zeichenfolge finden lässt. Das klingt banal und selbstverständlich, wird aber doch gelegentlich übersehen. Wer beispielsweise nach „Banken" sucht, findet keine Dokumente, in denen Banken nur Kreditinstitute heißen. Daher sollte nicht nur der eine gesuchte Begriff parat sein, sondern auch noch eine Reihe von inhaltsgleichen oder ähnlichen Begriffen bereitstehen. Ebenfalls selbstverständlich, aber manchmal dennoch übersehen wird, dass sich mit deutschen Begriffen nur ausnahmsweise fremdsprachige Titel finden lassen.

Einen weiteren Fallstrick beim Recherchieren hält die Grammatik bereit: Pluralbildung und Deklination in Titeln und Zusammenfassungen verhindern des Öfteren, dass ein Titel in einer Stichwortsuche aufgeführt wird. Beispielsweise wird von den wenigsten Datenbanken bei der Eingabe des Stichworts „Bankmarketing" auch das Buch „Die neuen Entwicklungen des Bankmarketings" ausgegeben. Damit die Suche Erfolg hat, muss ein Trunkierungszeichen verwendet werden. Die am weitesten verbreiteten Zeichen sind „?" und „*". Das Fragezeichen ersetzt dabei üblicherweise ein einzelnes Zeichen; der Stern steht in der Regel als Platzhalter für eine nicht näher bestimmte Menge von Zeichen. Mit der Suche nach „Bankmarketing*" lässt sich dann auch der oben nicht angezeigte Titel auffinden. Neben der beispielhaft dargestellten und regelmäßig angebotenen Rechtstrunkierung wird die Linkstrunkierung oft nur sehr eingeschränkt angeboten. Dabei wird das Trunkierungszeichen am Wortanfang eingesetzt. So kann nach Begriffen gesucht werden, deren Endung oder deren zweiter Bestandteil bekannt ist. Das Fragezeichen kann in vielen Suchmasken auch als Maskierungszeichen eingesetzt werden. Dann steht es in der Mitte eines Wortes und maskiert genau ein Zeichen. Mit dem Eintrag „M?ller" im Suchfeld für den Verfasser ließe sich auf diese Weise etwa ein Herr Miller genauso finden wie eine Frau Moller.

3.3.3 Schneeballprinzip und geschlossener Literaturkreis

Schlagwort- und Stichwortrecherche greifen direkt auf Kataloge und Datenbanken zu. Die Schneeballrecherchestrategie wertet dagegen vorrangig fremde Recherchen aus. Startpunkt ist beispielsweise der themenbezogene Übersichtsartikel in einem Handwörterbuch oder wissenschaftlichen Lexikon. Das dazu gehörige Literaturverzeichnis nennt üblicherweise eine Reihe bedeutsamer Literaturquellen. Den Textteil als Bewertungshilfe heranziehend, werden die vielversprechendsten Quellen beschafft und in gleicher Art und Weise ausgewertet. Diese Strategie führt dazu, dass die Menge der gefundenen Literaturquellen zunächst lawinenartig anschwillt. In den meisten Fällen stellt sich jedoch relativ rasch heraus, dass bestimmte Quellen immer wieder zitiert werden: ein harter Kern regelmäßig verarbeiteter Literaturquellen wird sichtbar; der Kreis der themenrelevanten Literatur beginnt sich zu schließen.[63]

Die Schneeballsuche hat eine Reihe von Vorteilen, ist aber auch nicht ganz ungefährlich. Vorteilhaft ist die gemeinsame Auswertung von Themeninhalten und Quellen. Damit ist es einfacher, die wirklich relevante Literatur ausfindig zu machen. Außerdem kann sie die Aufgabe einer Alarmglocke übernehmen: Wenn die eigene auf Schlagwort- und Stichwortsuche zurückgehende Literaturauswahl nicht oder nur sehr vereinzelt in themenverwandten Schriften benutzt wird, dann muss das zum Aufhorchen führen. Es könnte die Gefahr bestehen, dass das Thema verfehlt ist oder zu sehr auf exotische Quellen gestützt wurde.[64]

---

[63] Vgl. Manuel Theisen: Wissenschaftliches Arbeiten, 2005, S. 86.
[64] Vgl. Manuel Theisen: Wissenschaftliches Arbeiten, 2005, S. 86 f.

Der zunächst gewünschte Schneeballeffekt hat jedoch auch eher unerwünschte Nebenwirkungen. Bei einer weiten Themenstellung wird die Menge an gefundenen Quellen schnell riesengroß und ist nicht mehr zu bewältigen. Gleichzeitig ist die Auswahl des Startpunktes kritisch. Wenn hier eine zu alte Quelle gewählt wird, dann besteht die Gefahr, dass die Schneeballstrategie zu viel schon veraltete Literatur zutage fördert. Außerdem verlässt sich der so Recherchierende sehr auf die Recherche des Autors, dessen Artikel er als Startpunkt verwendet. Wenn dieser ihn in eine zu spezielle Richtung führt, dann könnte ein Literaturkreis auf einem nicht wirklich themenrelevanten Gebiet entstehen und die Gefahr bestehen, das Thema zu verfehlen. Theisen empfiehlt das Schneeballprinzip daher nicht als ausschließliche Recherchestrategie; er hält sie aber für eine wertvolle Ergänzung und Vervollständigung der eigenen primären Suche.[65]

---

[65] Vgl. Manuel Theisen: Wissenschaftliches Arbeiten, 2005, S. 87.

4 Strukturieren und Gliedern

Jede wissenschaftliche Arbeit benötigt – wie überhaupt jeder etwas längere Text – eine Struktur, die dem Leser Wegweisung und Orientierung gibt. Ein Thema oder ein Problem zu strukturieren bedeutet, es in „geordnete Einzelteile zu zerlegen, die Abhängigkeiten, Zusammenhänge und Interdependenzen aufzuzeigen und letztlich ein stimmiges Gesamtbild zu komponieren".[66] Die Gliederung ist das Gerüst aus hierarchisch geordneten Überschriften, in das die Textteile der Arbeit eingehängt werden. Sie ist gleichzeitig die Basis für das Inhaltsverzeichnis.

4.1 Strukturierungskriterien und -techniken

Das Strukturieren einer wissenschaftlichen Arbeit ist nicht möglich ohne inhaltliche Kompetenz.[67] Das bedeutet, dass sich der Verfasser bereits mit dem Thema beschäftigt haben muss. Insbesondere die Literaturrecherche und -auswertung muss wenigstens zum Teil bereits erfolgt sein.

Die allseits bekannte Grobstruktur eines Textes – Einleitung, Hauptteil, Schluss – ist auch auf wissenschaftliche Arbeiten übertragbar. Noch mehr empfiehlt sich allerdings eine an die poppersche Wissenschaftslehre angelehnte Variante dieser Struktur: die problemzentrierte Vorgehensweise.[68] Danach beschreibt die Einleitung das Problem, das in der wissenschaftlichen Abhandlung gelöst werden soll. Der Hauptteil befasst sich mit dessen (versuchsweiser) Lösung und stellt dazu vorhandene oder neue wissenschaftlichen Theorien und Konzepte dar und übt sich in einer kritischen Analyse.

Ein Schlussteil, der die Ergebnisse des Hauptteils nochmals zusammenfasst, ist für den Leser wenig spannend und meistens hoch redundant.[69] Ebenso wenig ist es für eine Prüfungsarbeit angebracht, (erst) am Ende des Textes

---

[66] Joachim Deppe: Die Technik des Gliederns wissenschaftlicher Arbeiten, 1992, S. 201.
[67] Diese Auffassung vertritt auch Joachim Deppe: Die Technik des Gliederns wissenschaftlicher Arbeiten, 1992, S. 201; in die gleiche Richtung argumentiert Manuel Theisen: Wissenschaftliches Arbeiten, 2005, S. 131.
[68] Siehe hierzu Karl R. Popper: Alles Leben ist Problemlösen, 2002, S. 15.
[69] Den gleichen Standpunkt vertritt Manuel Theisen: Wissenschaftliches Arbeiten, 2005, S. 134.

die Grenzen der eigenen Arbeit aufzuzeigen, noch ungelöste oder neue Probleme zu besprechen und damit Ansatzpunkte für weitere Forschungsanstrengungen aufzuzeigen. Ein solcher Abschluss bleibt den wissenschaftlichen Fachaufsätzen vorbehalten. In einer Prüfungsarbeit wirkt er vermessen und deplatziert. Ein guter Schlussteil einer Prüfungsarbeit bietet demgegenüber einen kurzen Rückblick auf die Problemstellung, gibt eine finale Antwort auf eine in der Einleitung gestellte Frage oder zeigt dem Leser einen interessanten Ausblick.[70]

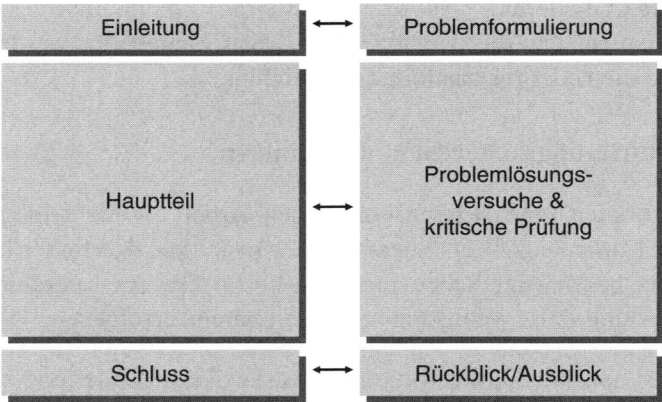

Abbildung 9: Generische Struktur einer Prüfungsarbeit

Das in Abbildung 9 dargestellte Grobraster verhilft einer wissenschaftlichen Arbeit zwar zu einer grundlegenden Struktur. Diese ist allerdings noch zu grob, um wirklich hilfreich zu sein. Insbesondere der Hauptteil ist tiefer zu untergliedern. In der wissenschaftlichen Literatur wird dabei eine Reihe von Prinzipien angewendet.[71] Dazu gehören:

Das inhaltsbezogene Gliederungsprinzip:
Objekte/Methoden/Faktoren/Situationen...

Die in vielen Fällen beste Lösung ist die rein inhaltsbezogene Struktur. Sie gründet sich auf Objekte, Methode, Faktoren, Situationen und Ähnliches.

---

[70] Vgl. Manuel Theisen: Wissenschaftliches Arbeiten, 2005, S. 134.
[71] Vgl. hierzu auch Christine Stickel-Wolf und Joachim Wolf: Wissenschaftliches Arbeiten und Lerntechniken, 2002, S. 82.

Beispielsweise finden sich in der Kostenrechnung die drei Methoden Kostenartenrechnung, Kostenstellenrechnung und Kostenträgerrechnung, die als Gliederungskriterium herangezogen werden können. Ein weiteres Beispiel: Eine Arbeit, die sich mit Wettbewerbsfähigkeit beschäftigt, könnte das strategische Dreieck als Gliederungsinstrument heranziehen und die drei Faktoren Zeit, Kosten und Qualität als Kriterien nutzen. Die Anwendung des inhaltsbezogenen Gliederungsprinzips ist nicht einfach; sie setzt ein hohes Maß an inhaltlichen Kenntnissen und ein gehöriges Maß an Kreativität voraus.

Der Allgemeinheitsgrad als Gliederungsprinzip

Bei manchen Problemen eignet sich der Allgemeinheitsgrad der Aussagen als Strukturierungsinstrument. Eine deduktiv orientierte Abfolge arbeitet sich vom Allgemeinen zum Speziellen voran. Hier steht beispielsweise die Darstellung einer Theorie am Anfang; auf deren Beschreibung und Erläuterung folgt dann die Anwendung auf den Einzelfall. Das Gegenteil – die induktive Struktur – ordnet vom Speziellen zum Allgemeinen. Oft wird dabei zunächst der Einzelfall analysiert und dann der Versuch gemacht, von der konkreten Situation zu abstrahieren und zu allgemeinen Aussagen zu kommen. Zwar ist die induktive Struktur in nicht wenigen wissenschaftlichen Arbeiten erfolgreich verwendet. Dennoch ist hier besondere Vorsicht und Sensibilität im Aufbau der Argumentation innerhalb der Gliederungsstruktur angebracht. Die Unmöglichkeit des induktiven logischen Schlusses in den empirischen Wissenschaften ist – unter anderem dank der Arbeiten von Popper, Albert und Hume – in der wissenschaftlichen Gemeinschaft akzeptiert.[72] Induktive Argumentationsketten sind leicht anzugreifen und aufzubrechen; sie lassen sich nicht verteidigen. Das induktive Strukturierungsprinzip sollte daher keinesfalls auf die inhaltliche Argumentation übertragen wird.

Die chronologische Abfolge als Gliederungsprinzip

Auch die Zeit kann manchmal als Strukturierungskriterium gute Dienste leisten. Dabei kann ein Autor sowohl von der Vergangenheit in die Gegen-

---

[72] Vgl. Karl R. Popper: Die Logik der Forschung, 1994, S. 3–5 und 256–258; Karl R. Popper: Objektive Erkenntnis, 1994, S. 1–13; Hans Albert: Kritischer Rationalismus, 2000, S. 14

wart voranschreiten als auch umgekehrt in der Gegenwart anfangen und sich in die Vergangenheit zurückarbeiten. Sehr beliebt ist es, chronologische Abfolgen von Tätigkeiten, Aktivitäten, Prozessen, Ereignissen oder Ähnlichem als Gliederungskriterium heranzuziehen.

Die dialektisch orientierte Abfolge als Gliederungsprinzip

Die Dialektik bietet eine weitere Möglichkeit zur Strukturierung wissenschaftlicher Arbeiten. Sie hat eine lange Tradition. Der Begriff der Dialektik findet sich das erste Mal bei Platon[73]. Dort benannte er lediglich eine bestimmte Art der Gesprächsführung. Hegel[74] interpretiert die Dialektik neu. In seiner Philosophie entwickelt sich der Geist in einem dialektischen Prozess von Stufe zu Stufe, bringt dabei immer neue Gestaltungen hervor und erkennt zugleich sich selbst. Im Widerspruch der Gegenstände zueinander und in ihrer Wechselwirkung sah Hegel Quelle und Triebkraft aller Entwicklung. Mit der Auflösung von Widersprüchen wird schließlich das Ziel der wahren Erkenntnis erreicht. Dies geschieht im Rahmen der weithin bekannten Triade der Thesis, Antithesis und Synthesis. Auch wenn die hegelianische Philosophie keinesfalls unumstritten ist, so hat sich das triadische Modell der Thesis, Antithesis und Synthesis dennoch für erörternde und argumentierende Arbeiten als fruchtbares und hilfreiches Gliederungsinstrument bewährt.

Selbstverständlich können alle vier zuvor genannten Techniken in einer Arbeit kombiniert werden. Es ist allerdings empfehlenswert, auf einer Strukturierungsebene immer nur eine Technik einzusetzen, da es sonst leicht zu logischen Inkonsistenzen und Gliederungsfehlern kommen kann.

Die Erarbeitung einer Struktur ist ein dynamischer Prozess, der sich über die ganze Bearbeitungsphase erstreckt.[75] Oftmals werden Teilprobleme und die Bedeutung von Teilaspekten im Verlauf der Beschäftigung mit dem Thema deutlich; die Überarbeitung der Struktur und Anpassung an den

---

[73] Platon war ein griechischer Philosoph. Er lebte in Athen von 428/427 bis 348/347 v. Chr. Er war ein Schüler des Sokrates und Lehrer des Aristoteles
[74] Georg Wilhelm Friedrich Hegel, geboren am 27. August 1770 in Stuttgart, gestorben am 14. November 1831 in Berlin.
[75] Darauf weist auch Deppe hin. Vgl. Joachim Deppe: Die Technik des Gliederns wissenschaftlicher Arbeiten, 1992, S. 201.

Wissensstand des Verfassers ist dann unabdingbar. Wenngleich die Intensität der Strukturierungsarbeit im Verlauf des Erstellungsprozesses einer wissenschaftlichen Arbeit abnimmt, so ist sie doch erst mit dem Abschluss der Arbeit wirklich vollendet.

4.2 Hinweise auf häufige Schwächen und Fehler

Eine gute Gliederung verwendet aussagekräftige Überschriften, die den Inhalt des überschriebenen Abschnitts so präzise wie möglich wiedergeben.[76] Nur dadurch wird es dem Leser möglich, sich ein Bild von den Inhalten der Arbeit zu machen und einen Überblick über den Aufbau und die Vorgehensweise zu verschaffen. Überschriften die lediglich formale Begriffe wie *Einleitung, Gang der Untersuchung, Begriffsbestimmung* usw. benutzen, helfen dem Leser nicht. Abkürzungen und hochspezifische Fachtermini in Überschriften sind ebenso wenig hilfreich.

Die in der Gliederung verwendeten Überschriften müssen sich untereinander und von der Themenstellung deutlich unterscheiden.[77] Es ist beispielsweise nicht korrekt in einer Arbeit zum Thema „Integrative Strategie- und Unternehmensentwicklung in der Finanzdienstleistungsbranche" die folgende Gliederungsüberschrift zu verwenden: „Integration von Strategie- und Unternehmensentwicklung in der Finanzdienstleistungsbranche". Die beiden Überschriften sind so ähnlich, dass sie als synonym aufgefasst werden können. Der Verfasser einer solchen Gliederung müsste sich vorhalten lassen, dass er in gleich- oder übergeordneten Punkten dann ganz offensichtlich das Thema nicht behandelt.

Die für eine Arbeit angemessene Gliederungstiefe hängt sowohl vom Umfang als auch vom Inhalt ab. Eine ganz präzise Regel kann es daher nicht geben. Natürlich nimmt die angemessene Gliederungstiefe mit wachsendem Umfang der Arbeit zu. Schlecht ist sowohl die zu tiefe Gliederung einer vergleichsweise kurzen Arbeit als auch die zu geringe Untergliederung einer langen Arbeit. Bei einer sehr feinen und tiefen Untergliederung

---

[76] Standop und Meyer finden es ebenfalls lohnenswert, nach einem „knappen, aber treffenden Titel Ausschau zu halten". Ewald Standop und Matthias Meyer: Die Form der wissenschaftlichen Arbeit, 2004, S. 26.

[77] Vgl. hierzu auch Joachim Deppe: Die Technik des Gliederns wissenschaftlicher Arbeiten, 1992, S. 203.

besteht die Gefahr, dass Argumentationsketten zerrissen werden und der Zusammenhang zwischen den Textteilen verloren geht.[78] Die grobe und nur wenige Gliederungspunkte umfassende Struktur bietet andererseits nicht die Hilfe, die der Leser von einer Gliederung erwarten darf. Erfahrungsgemäß sind für Seminararbeiten zwei Ebenen und für Hauptprüfungsarbeiten drei Ebenen angemessen. Das führt zu Seitenumfängen, die zwischen knapp einer und maximal fünf bis sechs Seiten je Gliederungspunkt liegen.[79]

Ausgewogene Gliederung	**Unausgewogene Gliederung**
1 Überschrift	1 Überschrift
2 Überschrift	2 Überschrift
2.1 Überschrift	3 Überschrift
2.1.1 Überschrift	3.1 Überschrift
2.1.2 Überschrift	3.1.1 Überschrift
2.1.3 Überschrift	3.1.2 Überschrift
2.2 Überschrift	3.1.3 Überschrift
2.2.1 Überschrift	3.1.4 Überschrift
2.2.2 Überschrift	3.1.5 Überschrift
2.2.3 Überschrift	3.1.6 Überschrift
3 Überschrift	3.2 Überschrift
3.1 Überschrift	3.2.1 Überschrift
3.1.1 Überschrift	3.2.2 Überschrift
3.1.2 Überschrift	4 Überschrift
3.1.3 Überschrift	4.1 Überschrift
3.2 Überschrift	4.2 Überschrift
3.2.1 Überschrift	5 Überschrift
3.2.2 Überschrift	6 Überschrift
3.2.3 Überschrift	6.1 Überschrift
4 Überschrift	6.2 Überschrift

Abbildung 10: Ausgewogene versus unausgewogene Gliederung

Gelungene Gliederungen sind nicht nur angemessen tief, sondern auch ausgewogen gestaltet. Das bedeutet, dass mit Ausnahme von Einleitungs- und

---

[78] Diese Gefahr betont auch Axel Bänsch: Wissenschaftliches Arbeiten, 2003, S. 13.
[79] Bänsch empfiehlt einen Textumfang je Gliederungspunkt zwischen mindestens einer halben Seite und maximal zweit Seiten. Vgl. Axel Bänsch: Wissenschaftliches Arbeiten, 2003, S. 13. Stickel-Wolf und Wolf raten zu mehr Text. Sie empfehlen pro Textseite nicht mehr als einen Gliederungspunkt zu vergeben und gleichzeitig die einzelnen Gliederungspunkte nicht über zehn Seiten auszudehnen. Siehe hierzu: Christine Stickel-Wolf und Joachim Wolf: Wissenschaftliches Arbeiten und Lerntechniken, 2002, S. 157.

4.2 Hinweise auf häufige Schwächen und Fehler

Schlussteil alle Hauptteile etwa denselben Umfang an Seiten und Gliederungspunkten aufweisen. Abbildung 10 zeigt im linken Teil ein Beispiel für eine mustergültig ausgewogene Gliederung. Diese wird sich in der Realität des wissenschaftlichen Schreibens allerdings nur selten erreichen lassen;[80] auch die vorliegende Schrift muss dem Inhalt Tribut zollen und daher vom Ausgewogenheitsideal deutlich abweichen. Dennoch sollte sich ein Autor das Abweichen vom Ideal nicht zu leicht machen und immer fragen, ob die Unausgewogenheit der Gliederung wirklich durch den Inhalt verursacht oder doch der eigenen Bequemlichkeit zuzuschreiben ist. Wer so unausgewogen gliedert wie im rechten Teil der Abbildung 10 veranschaulicht, muss dafür gute inhaltliche Gründe anführen können.

Falsch	Richtig
1 Edelgase	1 Edelgase
1.1 Helium	1.1 Helium
1.2 Neon	1.2 Neon
1.3 Argon	1.3 Argon
1.4 Krypton	1.4 Krypton
2 Xenon	1.5 Xenon
3 Halogene	2 Halogene
2.1 Fluor	2.1 Fluor
2.2 Chlor	2.2 Chlor
2.3 Brom	2.3 Brom
2.4 Iod	2.4 Iod

Abbildung 11: Logisch falsche und richtige Gliederung

Logisch falsch zugeordnete Gliederungspunkte sind indes unbedingt zu vermeiden. Das heißt konkret, dass inhaltlich gleich geordnete Punkte auch in der Gliederung auf der gleichen Hierarchiestufe stehen müssen; gleichzeitig darf es sich bei untergeordneten Punkten auch tatsächlich nur um einen Teilaspekt des übergeordneten Punktes handeln.[81] Dies ist am besten an einem Beispiel aus der Chemie zu veranschaulichen. Im linken Teil von Abbildung 11 ist für das Edelgas Xenon ein eigener Hauptgliederungspunkt

---

[80] Auch Stickel-Wolf und Wolf halten von einer Forderung nach absoluter Symmetrie absolut gar nichts. Christine Stickel-Wolf und Joachim Wolf: Wissenschaftliches Arbeiten und Lerntechniken, 2002, S. 158.
[81] Vgl. Axel Bänsch: Wissenschaftliches Arbeiten, 2003, S. 12.

vorhanden; damit ist ein logischer Gliederungsfehler entstanden, denn korrekterweise müsste Xenon der Gruppe der Edelgase zugerechnet und damit – wie im rechten Teil der Abbildung gezeigt – in die zweite Gliederungsebene eingeordnet werden.

Ein ebenfalls beliebter, sogar in manchen ansonsten guten Büchern zu findender Gliederungsfehler ist der allein stehende, untergeordnete Gliederungspunkt (siehe Abbildung 12, linker Teil). Dieser ist unbedingt zu vermeiden. Wer sich entschließt, einen Punkt weiter zu untergliedern, der muss mindestens zwei Unterpunkte folgen lassen – wie in Abbildung 12 im rechten Teil dargestellt.[82]

Falsch	Richtig
1 Überschrift	1 Überschrift
2 Überschrift	2 Überschrift
2.1 Überschrift	2.1 Überschrift
3 Überschrift	2.2 Überschrift
	3 Überschrift

Abbildung 12: Allein stehende Untergliederungspunkte

4.3 Formale Gliederungsarten

Aus rein formaler Sicht können die Gliederungsebenen entweder nummerisch oder alphanummerisch durchnummeriert sein. Beide Varianten wird durch moderne Textverarbeitungssoftware unterstützt.

Die nummerische Gliederungsform ist in DIN 1421 geregelt. Sie ist die heute in der Wissenschaft gebräuchliche Variante, auch wenn es natürlich Autoren und Verlage gibt, die am alphanummerischen System festhalten. Die nummerische Form ist in Abbildung 13 dargestellt. Sie wird auch in dieser Arbeit benutzt. Nach DIN 1421 werden die Hauptabschnitte eines Textes, beginnend mit Eins, aufsteigend durchnummeriert. Untergeordnete Ebenen erhalten alle Nummern der übergeordneten Stufe; danach folgt wiederum die Ziffer 1. Nach jeder Zahl steht ein Punkt; nur der Schlusspunkt entfällt.

---

[82] Vgl. Axel Bänsch: Wissenschaftliches Arbeiten, 2003, S. 11 und Andreas Preißner: Wissenschaftliches Arbeiten, 1998, S. 83.

4.3 Formale Gliederungsarten

```
1   Die schriftliche wissenschaftliche Arbeit
    1.1 Arten von wissenschaftlichen Arbeiten
        1.1.1 Wissenschaftliche Prüfungsarbeiten
        1.1.2 Wissenschaftliche Aufsätze
        1.1.3 Wissenschaftliche Monographien und
              Herausgeberwerke
        1.1.4 Forschungsberichte
    1.2 Charaktere wissenschaftlicher Arbeiten
        1.2.1 Literaturzentrierte Arbeiten
        1.2.2 Empirisch-deskripitve Arbeiten
        1.2.3 Theoriebildende Arbeiten
        1.2.4 Theorieprüfende Arbeiten
        1.2.5 Methodologische Arbeiten (Methodenlehren)
2   Planen
    2.1 Zeitplanung
    2.2 Ressourcenplanung
    2.3 Kostenplanung
```

Abbildung 13: Nummerische Gliederungsform

Die alphanummerische Gliederung verwendet wechselnde, innerhalb jeder Ebene aufsteigend geordnete Symbole für die verschiedenen Stufen. Im Beispiel, das Abbildung 14 zeigt, sind für die Hauptgliederungspunkte Großbuchstaben, für die zweite Ebene römische Ziffern und für die dritte Ebene Kleinbuchstaben mit nachgestellter Klammer verwendet.

```
A   Die schriftliche wissenschaftliche Arbeit
    I   Arten von wissenschaftlichen Arbeiten
        a) Wissenschaftliche Prüfungsarbeiten
        b) Wissenschaftliche Aufsätze
        c) Wissenschaftliche Monographien und
           Herausgeberwerke
        d) Forschungsberichte
    II  Charaktere wissenschaftlicher Arbeiten
        a) Literaturzentrierte Arbeiten
        b) Empirisch-deskripitve Arbeiten
        c) Theoriebildende Arbeiten
        d) Theorieprüfende Arbeiten
        e) Methodologische Arbeiten (Methodenlehren)
B   Planen
    I   Zeitplanung
    II  Ressourcenplanung
    III Kostenplanung
```

Abbildung 14: Alphanummerische Gliederungsform

In ihrer Eignung für eine Prüfungsarbeit gibt es zwischen der nummerischen und der alphanummerischen Gliederungsform keinen wesentlichen Unterschied. Bei einer angemessenen Gliederungstiefe kommt ein Leser mit beiden Systemen gut zurecht. In jedem Fall empfehlenswert ist es allerdings, den Prüfer nach seiner Vorliebe zu fragen und danach die Gliederungsform für die eigene Arbeit auszuwählen.

5 Zitieren

Fremdes Gedankengut darf in einer wissenschaftlichen Arbeit nicht als eigene Erfindung ausgegeben werden. Neben der wissenschaftlichen Moral verbietet das außerdem das deutsche Urheberrecht.[83] Die wissenschaftliche Auseinandersetzung mit fremden Gedanken ist allerdings nicht nur gesetzlich zulässig, sondern im Forschungsbetrieb ausdrücklich erwünscht. Wissenschaftlicher Erkenntnisfortschritt ist ohne Bezug zu bereits vorhandenem Wissen undenkbar. Der Kodex der wissenschaftlichen Gemeinschaft verpflichtet auch das größte Genie mit einer wirklich originären Idee die Fundamente im bereits bekannten Wissen zu errichten, das Neue im Bekannten zu gründen und seine Neuartigkeit durch Vergleich und Abgrenzung klarzustellen. Ein nicht zu vernachlässigender Teil der wissenschaftlichen Arbeit besteht darum in der Auseinandersetzung mit dem bereits bekannten Forschungsstand zu einem bestimmten Thema.[84] Weil die Auseinandersetzung mit fremdem Gedankengut ohne dessen wenigstens partielle Wiedergabe praktisch unmöglich ist, gibt das Urheberrecht die Erlaubnis zum Zitieren. Aber es ist wichtig, dass klar ersichtlich ist, wo eigene Gedanken formuliert und wo Werke und Ideen anderer wiedergegeben werden. Fehlerhaftes Zitieren ist keine lässliche Sünde, sondern geistiger Diebstahl. Wird dieser in einer Prüfungsarbeit aufgedeckt, ist die Aberkennung des durch sie erworbenen akademischen Grades die zwangsläufige Folge.[85] Deshalb ist sorgfältiges Zitieren so wichtig.

5.1 Was muss zitiert werden?

Die Grundregel des Zitierens ist eigentlich ganz einfach:[86]

---

[83] Siehe hierzu insbesondere § 51 Urheberrechtsgesetz. Auch in anderen Ländern existieren entsprechende Regeln. In den USA ist es beispielsweise der Copyright Act of 1976 (Public Law 94-553) mit Ergänzungen.

[84] Insofern hat eine jede ernstzunehmende wissenschaftliche Arbeit einen literaturzentrierten Teil. Siehe auch die Ausführungen zu literaturzentrierten Arbeiten, Abschnitt 1.2.1.

[85] Vgl. in diesem Kontext auch die umfangreichen Ausführungen von Theisen zu Fälschung, Verfälschung und Betrug: Manuel Theisen: Wissenschaftliches Arbeiten, 2005, S. 236–243.

[86] Siehe § 51 und 63 UrhG. Vgl. auch Manuel Theisen: Wissenschaftliches Arbeiten, 2005, S. 140.

Alles fremde Gedankengut gleich welcher Art und welchen Ursprungs ist in der eigenen wissenschaftlichen Arbeit als solches kenntlich zu machen. Die Kennzeichnung muss derart erfolgen, dass sich der durchschnittlich bemühte Leser die Originalquelle beschaffen und die Korrektheit des Zitates überprüfen kann.

Beim Einstieg in das wissenschaftliche Arbeiten liegt die richtige Auslegung der Grundregel allerdings nicht immer sofort auf der Hand. Kein Zweifel, der prägnant formulierte Satz, das Bonmot, der Wortlaut des Paragraphen x in Gesetz y oder die nicht mehr verbesserungsfähige Grafik sind ein Zitier-Muss. Aber wie sieht es bei den mehr alltäglichen Dingen aus? Ist beispielsweise zu belegen, dass die Globalisierung in den letzten 10 Jahren zugenommen hat, dass Kosten ein wichtiger Wettbewerbsfaktor sind oder dass ein Gegenstand im freien Fall im Vakuum eine Strecke $s = \frac{1}{2} gt^2$ zurücklegt? Die Abgrenzung des eigenen und fremden Gedankengutes ist zugegebenermaßen nicht immer ganz einfach. Ein extrem großer Teil des Wissens, dass Menschen sich im Laufe ihres Lebens aneignen, entstammt letztlich fremden Quellen, ist also eigentlich fremdes Gedankengut. All dieses en detail zu belegen, hieße beinahe jeden einzelnen Satz der eigenen Arbeit zitieren zu müssen. Ein derartig hoher Anspruch würde die Kreativität des Forschens in der Bürokratie des Zitierens ertränken. Die Grundregel erfährt deshalb eine pragmatische Einschränkung:[87]

Informationen aus dem Bereich des Allgemeinwissens, die nicht wörtlich aus fremden Quellen übernommen sind, werden nicht zitiert.

Die mit der Grundregel formulierte Anforderung an die freie Zugänglichkeit der verwendeten Quellen schränkt den Kreis der zitierfähigen Informationen weiter ein. Die Verwendung von Informationen aus nicht veröffentlichten Werken (z.B. unveröffentlichte Manuskripte, Briefe, vertrauliche Verträge, Seminararbeiten, unveröffentlichte Diplomarbeiten, Vorlesungsskripte) in der eigenen wissenschaftlichen Arbeit ist grundsätzlich untersagt. Meistens ist dieses Verbot auch nicht wirklich kritisch, denn die genannten unveröffentlichten Werke stützen sich ja ihrerseits auch auf Quellen, die dann oft zugänglich sind und selbstverständlich verwendet werden können.

---

[87] Vgl. auch Manuel Theisen: Wissenschaftliches Arbeiten, 2005, S. 141; Axel Bänsch: Wissenschaftliches Arbeiten, 2003, S. 7; The Chicago Manual of Style, 2003, S. 445.

Nur in den (wenigen!) Fällen, in denen eine nicht veröffentlichte Arbeit originäre, nirgendwo sonst zu beschaffende Informationen enthält, lässt sich die ausnahmsweise Verwendung rechtfertigen. Als Beispiel ließe sich etwa der Konferenzvortrag eines Wissenschaftlers über bahnbrechende Ergebnisse einer empirischen Untersuchung anführen, deren Publikation noch länger auf sich warten lässt als das geplante oder vorgeschriebene Fertigstellungsdatum der eigenen Arbeit. Hier wäre das strikte Verwendungsverbot unzweckmäßig.[88] Dem Verfasser obliegt dann allerdings die Aufgabe, die von ihm zitierte, nicht veröffentlichte Quelle einem jeden Interessenten zugänglich zu machen. Bei einer wissenschaftlichen Prüfungsarbeit ist der Anspruch in der Regel höher: Der Prüfling wird verpflichtet, alle von ihm verwendeten, nicht öffentlich zugänglichen Quellen zusammen mit der Arbeit in Kopie einzureichen. Dies kann meistens auch in elektronischer Form – beispielsweise auf CD-ROM – erfolgen.

5.2 Die Vierdimensionalität des Zitier-Problems

Aus der formal-pragmatischen Perspektive umfasst das Problem des korrekten Zitierens vier Dimensionen:

(1) Objekt: Was wird zitiert?

(2) Quelle: Woraus wird zitiert?

(3) Art: Wie wird zitiert?

(4) Technik: Welche Belegtechnik wird verwendet?

Die Kunst besteht darin, bei der Erstellung einer wissenschaftlichen Schrift auf die Frage „**Was** zitiere ich **woraus wie** mit **welcher** Technik?" die richtige Antwort zu finden.

Die Frage „Was wird zitiert?" fragt nach der Form, in der das fremde, über das Allgemeinwissen hinausgehende Material vorliegt. Handelt es sich um Text, um eine Grafik oder Tabelle? Ist es eine Fotografie? Sind es (statistische) Daten, auf die Bezug genommen werden soll, Informationen aus einem persönlichen Gespräch, einer Sprach- oder Videoaufzeichnung? Die möglichen Formen sind schon heute vielfältig; ihre Zahl wird infolge des

---

[88] Bei einer Prüfungsarbeit empfiehlt sich in Zweifelsfällen die Absprache mit dem Prüfer.

unaufhaltsamen technischen Fortschritts in Zukunft wahrscheinlich noch weiter zunehmen.

Die Variantenvielfalt der Quellen, aus denen wissenschaftlich relevante Informationen stammen können, ist noch größer als die der Formen. Die klassischen sind papierbasiert wie Buch und Zeitschrift; mit der Entwicklung der modernen Computer- und Medientechnik haben sich zahlreiche magnetische und optische Datenquellen hinzugesellt. So lassen sich heute verarbeitbare Informationen aus Rundfunk, Fernsehen, Film und natürlich dem Internet und anderen Datennetzen entnehmen. Sie können auf Festplatten, Disketten, Magnetbändern, CD-ROMs, DVDs usw. gespeichert und auf unterschiedlichen Wegen zugänglich sein. Es ist damit zu rechnen, dass auch in dieser Kategorie die Vielfalt eher zu- denn abnehmen wird.

Die Frage wie zitiert werden soll, kennt als die beiden Hauptantworten das direkte und das indirekte Zitat. Mit einem direkten Zitat werden fremde Inhalte unverändert übernommen, während beim indirekten Zitat lediglich sinngemäß wiedergegeben wird, was inhaltlich von anderen Urhebern stammt. Weitergehende Ausführungen zum direkten und indirekten Zitieren finden sich in Abschnitt 1.1.

Bei den Zitiertechniken handelt es sich um Konventionen über die Formalien des Zitierens, wovon im Wesentlichen die Gestaltung der zitierten Information, der Quellenangabe und des Literaturverzeichnisses betroffen sind. Folgende Anforderungen sind von einer Zitiertechnik zu erfüllen:

- Richtigkeit (die Angaben müssen fehlerfrei sein)
- Vollständigkeit (alle wesentlichen Angaben müssen enthalten sein)
- Einheitlichkeit (alle Angaben sollen derselben Systematik folgen)
- Übersichtlichkeit (logische Anordnung[89] der Quellen im Literaturverzeichnis, damit der Leser sich leicht zurechtfindet)

Die in der wissenschaftlichen Praxis zu findenden Systeme lassen sich generell entweder der Kategorie der Vollbeleg- oder derjenigen der Kurzbelegtechnik zuweisen. Die Vollbelegmethode führt die vollständigen bibliografischen Daten zitierter Quellen in den Fußnoten an und kann darum

---

[89] Es ist üblich, die Quellen im Literaturverzeichnis alphabetisch zu sortieren.

5.2 Die Vierdimensionalität des Zitier-Problems

auf ein Literaturverzeichnis verzichten.[90] Bei der Kurzbelegtechnik ist demgegenüber das Literaturverzeichnis Pflicht; die bei dieser Technik verkürzten bibliografischen Daten in den Fußnoten sparen zwar Platz, machen jedoch die vollständige Bibliografie am Ende der Arbeit zwingend erforderlich.[91] Innerhalb der beiden Kategorien gibt es eine fast unüberschaubare Vielfalt zitiertechnischer Systemen, die sich oft nur in Marginalien unterscheiden. Abbildung 15 zeigt daher nur eine kleine Auswahl.

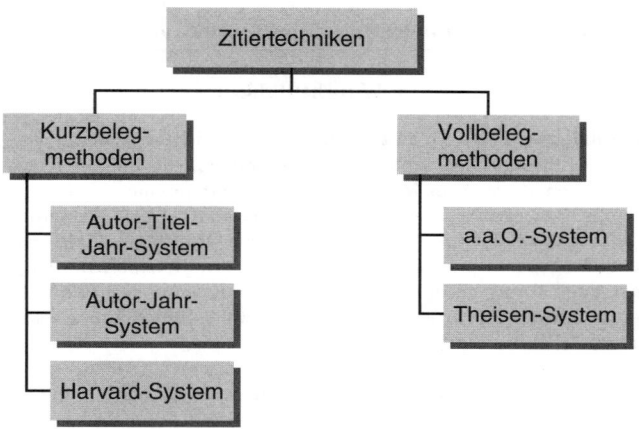

Abbildung 15: Typen von Zitiertechniken

Seitdem es Usus geworden ist, nicht nur langen wissenschaftlichen Texten, sondern auch vergleichsweise kurzen Zeitschriftenartikeln ein Literaturverzeichnis hintanzustellen, hat die Vollbelegtechnik an Bedeutung verloren. Lesefreundlich ist sie ohnehin nie gewesen. Der schnelle Überblick über die verarbeitete Literatur ist unmöglich und die über die ganze Arbeit verstreuten Quellenangaben zwingen zum permanenten „Hin- und Herblättern".[92] Wer sie dennoch anwenden muss, dem sei das Theisen-System angeraten, das die traditionelle Vollbelegmethode nach dem a.a.O.-System deutlich verbessert.[93] Die folgenden Abschnitte beschränken sich auf die Erläuterung der drei in Abbildung 15 gezeigten Kurzbelegtechniken.

---

[90] Vgl. Manuel Theisen: Wissenschaftliches Arbeiten, 2005, S. 142.
[91] Vgl. Ewald Standop und Matthias Meyer: Die Form der wissenschaftlichen Arbeit, 2004, S. 63.
[92] Walter Krämer: Seminar- oder Examensarbeit, 1999, S. 193.
[93] Für nähere Informationen siehe Manuel Theisen: Wissenschaftliches Arbeiten, 2005, S. 142–144.

5.3 Direkte und indirekte Zitate

Die Besonderheiten des direkten und indirekten Zitierens lassen sich am besten anhand von Beispielen erläutern. Als Quelle wird für die folgenden beiden Abschnitte der in Abbildung 16 dargestellte Text von Erich Gutenberg herangezogen.

> A 1 Betriebswirtschaftliche Grundbegriffe und Grundtatbestände 31
>
> ### 3. Wirtschaftlichkeit
>
> Ob ein Betrieb w i r t s c h a f t l i c h arbeitet, richtet sich im wesentlichen danach, ob es ihm gelingt, eine bestimmte betriebliche Leistung mit dem geringstmöglichen Einsatz an Mitteln (Faktoreinsatzmengen) oder mit gegebenen Mitteln die bestmögliche Leistung zu erzielen. Dieses Prinzip der Wirtschaftlichkeit (auch ökonomisches Prinzip oder Rationalprinzip genannt) ist also stets ein Auswahlprinzip derart, daß für eine betriebliche Aufgabe stets die günstigste Lösung gefunden werden soll. Nur wenn eine Wahlmöglichkeit zwischen mehreren Faktorkombinationen besteht, läßt sich nach dem Prinzip der Wirtschaftlichkeit verfahren.
>
> Von allen möglichen Faktorkombinationen wird diejenige die günstigste und damit die zu realisierende sein, die es erlaubt, eine bestimmte Produktionsleistung mit den geringsten Faktoreinsatzmengen (Arbeitsleistungen, Betriebsmitteln, Werkstoffen u. ä.) zu erreichen. Da nun zwischen den produktiven Faktoren weitgehend eine Substitutionsmöglichkeit besteht, z. B. Handarbeit durch Maschinenarbeit, die Arbeit von Facharbeitern durch die Arbeit von angelernten Arbeitern, das Werkzeug A durch das Werkzeug B, die Maschine C durch die Maschine D, das Verfahren E durch das Verfahren F, der Werkstoff G durch den Werkstoff H, die Arbeitsablauforganisation J durch die Ablauforganisation K usw. ersetzt werden kann, die betriebliche Situation also durch die Möglichkeiten „alternativer Substitution" gekennzeichnet zu sein pflegt, so wird man stets diejenige Faktorkombination zu wählen bestrebt sein, die die kostengünstigste ist⁴). Ob man diese Kombination unter den konkreten betrieblichen Bedingungen auch realisiert, ist eine Frage für sich. Trifft man diese Kombination, dann hat man offenbar im Bereiche des „Mitteleinsatzes" das Maximum an Wirtschaftlichkeit, d. h. an betriebstechnischer und organisatorischer Rationalität erreicht. Je weniger es gelingt, diesen Zustand zu realisieren, um so „unwirtschaftlicher" arbeitet ein Betrieb.

Abbildung 16: Textauszug aus dem Buch
„Einführung in die Betriebswirtschaftslehre" von Erich Gutenberg[94]

---

[94] Erich Gutenberg: Einführung in die Betriebswirtschaftslehre, 1958, S. 31.

5.3.1 Das direkte Zitat

Wer fremdes Gedankengut 1:1 übernehmen möchte, verwendet das direkte Zitat. Direktes Zitieren ist vornehmlich bei textlichen oder grafischen Objekten üblich. Andere Objekte, wie etwa Daten, werden selten unverändert verwendet und damit direkt zitiert, sondern meistens aufbereitet.

Die Regel für das direkte Zitieren von Text lautet wie folgt:[95]

> *Direkt zitierter Text wird unverändert, d. h. wort-, zeichen- und formatierungsgetreu wiedergegeben. Kurze direkte Zitate werden in Anführungszeichen eingeschlossen. Lange direkte Zitate werden besser als eigener typografisch hervorgehobener Absatz wiedergegeben.*

Den letzten Satz des ersten Absatzes des Textauszugs aus Abbildung 16 zitiert man daher direkt wie folgt:

> „Nur wenn eine Wahlmöglichkeit zwischen mehreren Faktorkombinationen besteht, läßt sich nach dem Prinzip der Wirtschaftlichkeit verfahren."

Wenn Satz 1 zitiert werden soll, dann ist auch die Sperrung mit zu übernehmen:

> „Ob ein Betrieb w i r t s c h a f t l i c h arbeitet, richtet sich im wesentlichen danach, ob es ihm gelingt, eine bestimmte betriebliche Leistung mit dem geringstmöglichen Einsatz an Mitteln (Faktoreinsatzmengen) oder mit gegebenen Mitteln die bestmögliche Leistung zu erzielen."

Halbfette, kursive, unterstrichene oder durchgestrichene Hervorhebungen werden analog behandelt. Die Pflicht zur formatierungsgetreuen Wiedergabe des Originals erstreckt sich ausnahmslos auf alle Zeichenformatierungen.

Beim direkten Zitieren ist es grundsätzlich unzulässig, Veränderungen jedweder Art vorzunehmen. Das bedeutet insbesondere, dass

---

[95] Vgl. Manuel Theisen: Wissenschaftliches Arbeiten, 2005, S. 148 oder Jürg Niederhauser: Die schriftliche Arbeit, 2000, S. 23.

- Rechtschreib-, Zeichensetzungs- oder Grammatikfehler nicht korrigiert werden und dass
- alte Rechtschreibung nicht in neue umgewandelt wird und umgekehrt.

Ausgenommen von diesem Veränderungsverbot sind lediglich Silbentrennungen, Anführungszeichen und die im folgenden Abschnitt erläuterten Eingriffsmöglichkeiten. Diese sind allerdings eindeutig zu kennzeichnen. Wenn im Original Anführungszeichen gesetzt sind – wie im letzten Satz des Beispiels aus Abbildung 16 –, dann werden diese im direkten Zitat in einfache Hochkommata umgewandelt:

> „Je weniger es gelingt, diesen Zustand zu realisieren, um so ‚unwirtschaftlicher' arbeitet ein Betrieb."

Bei längeren Zitaten bzw. bei mehreren aufeinander folgenden Zitaten empfiehlt sich ein Blockzitat. Der zitierte Text bildet dabei – wie die oben dargestellten Zitierbeispiele – einen eigenen Absatz und wird zusätzlich durch Einzüge und Zeichenformatierungen hervorgehoben.

Sorgfalt und Genauigkeit sind bei direkten Zitaten oberstes Gebot.[96] Jede fehlerhafte Textwiedergabe gereicht dem Verfasser zum Nachteil. Das direkte Zitieren nach sekundären Quellen – Theisen spricht auch von Gebrauchtzitaten[97] – ist darum absolut nicht zu empfehlen.

Unverändert aus einer Quelle übernommene Grafiken werden nicht in Anführungszeichen gesetzt. Hierbei hat die verwendete Zitiertechnik sicherzustellen, dass die 1:1-Übernahme der Grafik kenntlich gemacht wird.[98]

Wörtliche Zitate haben insbesondere dann ihre Berechtigung, wenn sie „besonders prägnante, brillante Formulierungen"[99] eines Autors wiedergeben, die sich trotz aller Bemühungen nicht verbessern lassen. Sie sind auch dann oft unverzichtbar, wenn sich Arbeiten intensiv und detailliert mit spezifischen Aussagen oder Textpassagen auseinandersetzen. Hierbei ist es

---

[96] Dies betont auch The Chicago Manual of Style, 2003, S. 445.
[97] Vgl. Manuel Theisen: Wissenschaftliches Arbeiten, 2005, S. 154.
[98] Siehe hierzu die Beispiele auf S. 98, 101 und 105.
[99] Christine Stickel-Wolf und Joachim Wolf: Wissenschaftliches Arbeiten und Lerntechniken, 2002, S. 193.

oft unerlässlich, dass der Leser unmittelbaren Zugriff auf den Originaltext erhält. Eine übermäßige Verwendung von direkten Zitaten ist jedoch nicht ratsam. Zu viele direkte Zitate lassen Zweifel an der Originalität der Arbeit aufkommen. Außerdem sind sie einem guten Lesefluss selten förderlich.[100]

5.3.2 Das modifizierte direkte Zitat

Manchmal gibt es Situationen, in denen ein Originaltext zwar direkt zitiert werden soll, eine geringfügige Modifikation aber dennoch wünschenswert ist. Das ist beispielsweise dann der Fall, wenn sich durch die Modifikation der übernommene Textteil straffen und damit die Aussage klarer herausarbeiten lässt. Ein anderer Grund ist dann gegeben, wenn das direkte Zitat wörtlich in den eigenen Satz eingebaut werden soll und dies Änderungen an der Grammatik erforderlich macht. Solche geringfügigen Änderungen sind zulässig, müssen aber unbedingt und ausnahmslos gekennzeichnet werden.

Fall 1: Auslassungen

Wenn ein Wort innerhalb der relevanten Textstelle <u>nicht</u> zitiert wird, dann muss diese Auslassung durch zwei Punkte gekennzeichnet werden. Wenn mehrere direkt aufeinander folgende Wörter ausgelassen werden, dann sind diese durch drei Punkte deutlich zu machen.[101] Auslassungen am Beginn oder am Ende des Zitats werden nicht gekennzeichnet. Es stehen also niemals Punkte direkt nach oder vor den Anführungszeichen. Die Groß- oder Kleinschreibung am Beginn eines direkt zitierten Textteils kann ohne besondere Kennzeichnung geändert werden, um das Zitat in einen eigenen Satz einzupassen.

> „Dieses Prinzip der Wirtschaftlichkeit ... ist also .. ein Auswahlprinzip derart, daß für eine betriebliche Aufgabe stets die günstigste Lösung gefunden werden soll."

---

[100] Vgl. auch Christine Stickel-Wolf und Joachim Wolf: Wissenschaftliches Arbeiten und Lerntechniken, 2002, S. 193.
[101] Wer sich den Richtlinien für den Schriftsatz verpflichtet fühlt, wählt hierbei das entsprechende Drei-Punkte-Symbol aus der Symbolschriftart und nicht drei einzelne Satzendezeichen.

> Gutenberg nennt „von allen möglichen Faktorkombinationen .. diejenige die günstigste ..., die es erlaubt, eine bestimmte Produktionsleistung mit den geringsten Faktoreinsatzmengen ... zu erreichen."

Auslassungen in Zitaten sind nicht unüblich, da auf diese Weise Aussagen auf ihren wesentlichen Kern hin gestrafft werden können. Sie sind dennoch sparsam zu dosieren; denn schnell werden zu stark gestraffte Sätze allein schon wegen der vielen Punkte unlesbar. Das zweite oben angeführte Beispiel ist im Hinblick auf die Lesbarkeit sicherlich schon ein Grenzfall. Außerdem ist beim Weglassen streng darauf zu achten, dass die zitierte Aussage nicht verfälscht wird.[102] Wer beispielsweise ein „nicht" auslässt und damit die Originalaussage in das Gegenteil verkehrt, handelt unlauter und wider das Verfälschungsverbot.

Fall 2: Grammatikalische Korrekturen

Wenn ein Satz nicht komplett übernommen, sondern nur Teile aus ihm direkt zitiert werden sollen, dann sind oftmals grammatikalische Anpassungen erforderlich. Diese sind zulässig, müssen aber durch eckige Klammern als Modifikationen durch den Autor gekennzeichnet sein.[103]

> Ob Unternehmen „diese Kombination unter den konkreten betrieblichen Bedingungen auch realisier[en], ist eine Frage für sich."

Fall 3: Hervorhebungen

Manchmal soll ein Wort oder eine Wortgruppe in einem direkten Zitat als besonders wichtig hervorgehoben werden. Dies ist beispielsweise dadurch möglich, dass Kursivschrift, Halbfettschrift oder Unterstreichungen verwendet werden. Hinzugefügte oder weggelassene Hervorhebungen sind dabei unbedingt in eckigen Klammern als Modifikationen des Autors kenntlich zu machen.[104]

---

[102] Siehe auch Manuel Theisen: Wissenschaftliches Arbeiten, 2005, S. 150, der dort die sinnentstellende Zitatverkürzung als unzulässig erklärt. Auch Krämer betont, dass Zitate nicht „vergewaltigt" werden dürfen. Walter Krämer: Seminar- oder Examensarbeit, 1999, S. 190.
[103] Vgl. Jürg Niederhauser: Die schriftliche Arbeit, 2000, S. 23 oder ausführlicher Ewald Standop und Matthias Meyer: Die Form der wissenschaftlichen Arbeit, 2004, S. 39–41.
[104] Vgl. Manuel Theisen: Wissenschaftliches Arbeiten, 2005, S. 149.

> „Trifft man diese Kombination, dann hat man offenbar im Bereiche des ‚Mitteleinsatzes' das *Maximum an Wirtschaftlichkeit* [Hervorhebung nicht im Original], d. h. an betriebstechnischer und organisatorischer Rationalität erreicht."

Da es – wie oben bereits erwähnt – nicht zulässig ist, Fehler in direkten Zitaten zu ändern, kann ein Autor durch ein nachgestelltes Ausrufezeichen in eckigen Klammern darauf hinweisen, dass er diese erkannt und nicht zu vertreten hat.[105] Meistens ist für solche Fälle jedoch das indirekte Zitat die bessere Wahl.[106]

Grammatikalische Korrekturen und Hervorhebungen schaden, im Übermaß verwendet, der Lesbarkeit des Textes. Es ist daher ratsam, sie – ähnlich wie die Auslassungen – vorsichtig und bewusst zu dosieren. Ansonsten wirkt ein Text nicht nur sehr schnell überladen, sondern ist auch nur noch schwer zu verstehen.

Grafiken können – anders als Text – nicht modifiziert direkt zitiert werden. Änderungen und Ergänzungen an übernommenen Grafiken werden automatisch als sinngemäße, indirekte Zitate aufgefasst.

5.3.3 Das indirekte Zitat

Mit einem indirekten Zitat werden entweder fremde Gedanken sinngemäß übernommen oder Verweise auf fremde Arbeiten getätigt. Die Kennzeichnung des fremden Gedankenguts erfolgt – je nach gewählter Zitiertechnik – durch Fußnoten oder in Klammern gesetzte Referenzen. Sowohl eine Fußnote als auch die Klammerreferenz bezieht sich dabei lediglich auf den vorangehenden Satz oder – wenn sie direkt nach einem Wort folgen – ausschließlich auf dieses Wort. Wer sich über eine längere Passage an die fremden Gedanken eines Autors anlehnt, hat dies über eine geeignete Formulierung im Text deutlich zu machen.[107] Dabei ist es wichtig, dass dem Leser Anfang und Ende des indirekten Zitates deutlich werden.

---

[105] Vgl. Walter Krämer: Seminar- oder Examensarbeit, 1999, S. 189.
[106] Vgl. The Chicago Manual of Style, 2003, S. 464.
[107] Ein Beispiel findet sich bei Theisen: Vgl. Manuel Theisen: Wissenschaftliches Arbeiten, 2005, S. 152.

Jedes Zitiersystem verwendet für das indirekte Zitat leicht unterschiedliche Konventionen. Diese sind in den folgenden Abschnitten dargestellt.

5.4 Zitiertechniken

Von der Vielzahl der in Zeitschriften und Büchern zu findenden Zitiertechniken werden im Folgenden das Autor-Titel-Jahr-System, das Autor-Jahr-System und das Harvard-System vorgestellt.[108]

Autor-Titel-Jahr-System und Autor-Jahr-System arbeiten beide mit Fußnoten, um fremde Urheberschaft kenntlich und nachvollziehbar zu machen. Das Fußnotenzeichen ist ein eindeutig zu identifizierendes alphanumerisches Zeichen, das im Anschluss an die zitierte Stelle hochgestellt positioniert ist.[109] Bei mehreren Zitaten in einem Text ist eine aufsteigende Reihenfolge der Fußnotenzeichen, mindestens über eine Seite, meist aber über die ganze wissenschaftliche Arbeit üblich. Deswegen sind es üblicherweise Zahlen, die als Fußnotenzeichen Verwendung finden. Der Fußnotentext befindet sich – vom Haupttext getrennt durch einen Teilstrich – am Ende einer Seite. Endnoten sind nicht lesefreundlich, da sie zum Hin- und Herblättern zwingen. Auch wenn sie in Fachzeitschriften und insbesondere in englischen Büchern gar nicht so selten zu finden sind, ist es nicht ratsam, sie in Prüfungsarbeiten zu benutzen.

Das Autor-Titel-Jahr-System will dem Leser den Bezug zur zitierten Quelle so leicht wie möglich machen und nimmt dafür längere Fußnotentexte in Kauf. Das Kriterium „Lesefreundlichkeit" dominiert. Die Autor-Jahr-Methodik verkürzt die in den Fußnoten anzugebenden Informationen auf das unabdingbare Minimum; redundante Informationen werden konsequent vermieden. Das Harvard-System verzichtet ganz auf Fußnoten und integriert alle Quellenverweise in den Text. Redundanzfreiheit und Einfachheit stehen hier an erster Stelle.

Alle drei Zitiertechniken sind auf ein Literaturverzeichnis angewiesen. Dessen Aufbau – mit den jeweiligen Besonderheiten – ist in Abschnitt 5.5 dargestellt.

---

[108] Vgl. auch The Chicago Manual of Style, 2003, S. 594–616; Manuel Theisen: Wissenschaftliches Arbeiten, 2005, S. 140–146; Axel Bänsch: Wissenschaftliches Arbeiten, 2003, S. 44–52.
[109] Vgl. Duden: Die deutsche Rechtschreibung, 2006, S. 108.

5.4.1 Das Autor-Titel-Jahr-System

Beim Autor-Titel-Jahr-System besteht der Quellenverweis grundsätzlich aus dem Vor- und Zunamen des Verfassers, einem aussagekräftigen Teil[110] des Titels der Quelle, dem Jahr ihres Erscheinens und der Seitenangabe. Damit soll dem Leser schon beim schnellen Blick in die Quellenangabe ermöglicht werden, sich ein möglichst vollständiges Bild von der Urheberschaft des fremden Gedankengutes zu verschaffen. Verwechslungen zwischen den Werken verschiedener Autoren gleichen Nachnamens, wie sie ohne einen Blick in das Literaturverzeichnis sowohl beim Harvard-System als auch beim Autor-Jahr-System ohne ergänzende Kleinbuchstaben vorkommen könnten, werden durch die Angabe des ausgeschriebenen Vornamens und des Titels minimiert.

Fall 1: Direktes Zitieren von Text

Bei direkt zitiertem Text wird unmittelbar nach dem zitierten Satz oder Satzteil ein Fußnotenzeichen eingefügt. Das Fußnotenzeichen befindet sich bei einem direkten Zitat direkt nach den Schlusszeichen und ist hochgestellt formatiert.[111] Der Fußnotentext enthält die Quellenangabe, Name, Titelauszug, Jahr und Seitenverweis. Diese Elemente werden – wie im nachfolgenden Beispiel gezeigt – durch Doppelpunkt und Kommata getrennt. Die Seitenangabe beginnt mit einem großen „S.", gefolgt von der Seitenzahl oder dem Seitenbereich. Nach den Regeln für den Schriftsatz wird zwischen „S." und Zahlenangabe kein normales Leerzeichen eingefügt, sondern ein geschütztes Leerzeichen mit verringerter Laufweite.[112] Am Ende des Fußnotentextes steht ein Punkt.

> „Je weniger es gelingt, diesen Zustand zu realisieren, um so ‚unwirtschaftlicher' arbeitet ein Betrieb."[1]
>
> ---
> [1] Erich Gutenberg: Einführung in die Betriebswirtschaftslehre, 1958, S. 31.

---

[110] Es ist empfehlenswert, grundsätzlich den gesamten Haupttitel zu verwenden und nur dann zu kürzen, wenn dieser sehr lang ausfällt.
[111] Vgl. Duden: Die deutsche Rechtschreibung, 2006, S. 109.
[112] Vgl. Duden: Die deutsche Rechtschreibung, 2006, S. 121. In Microsoft Word wird das geschützte Leerzeichen beispielsweise durch die Tastenkombination Strg-Taste + Umschalttaste + Leertaste erzeugt. Das geschützte Leerzeichen verhindert, dass ein Zeilenumbruch erfolgt.

Fall 2: Indirektes Zitieren eines kompletten Satzes

Wie beim direkten Zitat wird auch beim indirekten Zitat eines Satzes nach dem Punkt ein Fußnotenzeichen eingefügt. Der Fußnotentext wird – anders als beim direkten Zitat – mit einem Vgl. eingeleitet. Wenn sich der zitierte Satz im Original über zwei Seiten erstreckt, wird dies durch ein der Seitenzahl nachgestelltes f. kenntlich gemacht. Dabei ist darauf zu achten, dass zwischen der Zahl und dem f. kein Zeilenumbruch erfolgt.

> Das Wirtschaftlichkeitsprinzip kann in Unternehmen nur dann befolgt werden, wenn eine Wahlmöglichkeit zwischen mindestens zwei unterschiedlichen Kombinationen von Produktionsfaktoren besteht.[1]

[1] Vgl. Erich Gutenberg: Einführung in die Betriebswirtschaftslehre, 1958, S. 31.

Fall 3: Verweis auf eine längere Textstelle oder ein komplettes Werk

Insbesondere in Literaturübersichten kommt es vor, dass auf das komplette Werk eines Autors oder auf längere Auszüge verwiesen werden soll. Bezieht sich der Verweis auf eine abgrenzbare Anzahl von Seiten, so sind diese wie folgt anzugeben: S. 34–65.[113] Nach den Regeln für den Schriftsatz ist hier ein Gedankenstrich zu setzen, der etwas länger ist als der Bindestrich.[114] Fehlt die Seitenangabe, signalisiert der Verfasser, dass sich das indirekte Zitat auf die komplette Quelle beziehen soll. Wenn in einer Fußnote mehrere Quellen angegeben werden, dann sind diese üblicherweise durch Semikola getrennt.

> Erich Gutenberg gilt als Begründer der betriebswirtschaftlichen Produktionstheorie.[1]
>
> Erich Gutenberg definiert Wirtschaftlichkeit gleichrangig über die Anwendung des Maximal- oder Minimalprinzips.[2] Im ersten Fall

---

[113] Viele Autoren machen sich selbst das Leben geringfügig leichter und den Leser orientierungslos, weil sie statt des genauen Seitenbereiches nur die erste Seite nennen und ein ff. anfügen. Diese Ungenauigkeit ist mit wenig zusätzlichem Aufwand zu vermeiden. Der Leser profitiert allerdings davon deutlich.

[114] Vgl. Duden: Die deutsche Rechtschreibung, 2006, S. 109. Auf Computern mit Microsoft Windows Betriebssystem lässt sich ein typografisch korrekter Gedankenstrich über die Tastenkombination ALT + 0150 eingeben.

strebt ein Unternehmen danach, aus einer gegebenen Menge an Inputs den maximalen Output zu erzeugen. Im anderen Fall ist die Outputmenge fixiert, und es ist Ziel, den Input zu minimieren. Offen bleibt für ihn allerdings, ob das Wirtschaftlichkeitsprinzip in der Praxis immer und unter allen Umständen betrachtet wird.

---

[1] Vgl. Erich Gutenberg: Die Produktion, 1983; vgl. Erich Gutenberg: Einführung in die Betriebswirtschaftslehre, 1958.
[2] Vgl. Erich Gutenberg: Einführung in die Betriebswirtschaftslehre, 1958, S. 31 f.

Fall 4: Zitieren von Gesetzestexten

Gesetzestexte werden direkt wie in Fall 1 zitiert. Zeichengetreu übernommene Passagen werden in Anführungszeichen gesetzt. Eine Fußnote ist allerdings nur dann erforderlich, wenn Gesetz und Paragraphenangabe nicht in den Text aufgenommen sind. Bei sinngemäßen oder verweisenden Zitaten wird jedoch im Gegensatz zu Literaturzitaten nicht das einleitende *Vgl.*, sondern immer ein *Siehe* benutzt. Weil Gesetze bindende Vorschriften für alle darstellen, kann es hier nichts „zu vergleichen" geben.[115]

„Kaufmann im Sinne dieses Gesetzbuchs ist, wer ein Handelsgewerbe betreibt."[1]

Als Handelsgewerbe definiert § 1 Abs. 2 HGB jeden „Gewerbebetrieb, es sei denn, daß das Unternehmen nach Art oder Umfang einen in kaufmännischer Weise eingerichteten Geschäftsbetrieb nicht erfordert."

Kaufleute sind zur Buchführung verpflichtet.[2]

---

[1] § 1 Abs. 1 HGB.
[2] Siehe § 238 Abs. 1 HGB.

Gesetze, Verordnungen und andere amtliche Quellen werden ausnahmslos auf Grundlage der amtlichen Fassung zitiert.[116] Bei Gesetzen wird die amtliche Fassung im Bundesgesetzblatt veröffentlicht. Im Gegensatz zu allen

---

[115] Vgl. Manuel Theisen: Wissenschaftliches Arbeiten, 2005, S. 157
[116] Vgl. Manuel Theisen: Wissenschaftliches Arbeiten, 2005, S. 158.

anderen verarbeiteten Quellen werden die Rechtsquellen nicht im Literaturverzeichnis aufgeführt. Wer besonders intensiv mit amtlichen Quellen arbeitet und viele verschiedene Gesetze verwendet, sollte der Empfehlung von Theisen folgen und dem Literaturverzeichnis ein eigenes Rechtsquellenverzeichnis hintanstellen.[117]

Fall 5: Zitieren von Grafiken oder Tabellen

Ein Autor, der Grafiken oder Tabellen unverändert oder modifiziert von fremden Urhebern übernimmt, fügt an die Darstellungsüber- oder -unterschrift eine Fußnote an und nennt die Quelle im Fußnotentext. Wer die Darstellung inhaltlich verändert, zitiert indirekt. Wie bei dem sinngemäßen Zitieren von Text wird dies durch ein einleitendes *Vgl.* im Fußnotentext deutlich gemacht. Ebenfalls möglich ist die Einleitung *In Anlehnung an* oder *In enger Anlehnung* an.

Weit verbreitet in wissenschaftlichen Schriften ist auch eine direkt unterhalb der Darstellung platzierte Quellenangabe.[118] Dann entfällt natürlich das Fußnotenzeichen. Nachteil dieser Zitiertechnik ist der im Autor-Titel-Jahr-System schnell sehr große Platzbedarf für die Referenz; deshalb ist sie für dieses System nicht zu empfehlen.

Wie auch immer die Quellenangabe vorgenommen wird, in jedem Fall zu vermeiden ist die Kennzeichnung von vollständig selbst entwickelten Darstellungen als *eigene Darstellung*. Obwohl Anschauungsbeispiele hierfür in zahlreichen wissenschaftlichen Publikationen zu finden sind, handelt es sich dabei um nicht nachahmenswerte Vorbilder. Bei nicht zitierten Darstellungen geht ein Leser automatisch davon aus, dass sie vom Verfasser selbst entwickelt worden sind. Darauf explizit hinzuweisen, ist überflüssig.[119] Die Vermutung, dass nicht zitierte Darstellungen vom Verfasser vollständig selbst entworfen wurden, gilt allerdings mit allen Konsequenzen: Wenn sich

---

[117] Vgl. Manuel Theisen: Wissenschaftliches Arbeiten, 2005, S. 204 f. und 279.
[118] So z. B bei Manuel Theisen: Wissenschaftliches Arbeiten, 2005, S. 163–167.
[119] Wie fehl am Platz die Angabe *eigene Darstellung* tatsächlich ist, wird spätestens dann deutlich, wenn diese Vorgehensweise auf den Text übertragen würde. Nach jedem selbst formulierten Satz müsste dann ein Fußnotenzeichen stehen und im Fußnotentext die Anmerkung *eigener Satz*.

in einer Prüfungsarbeit das vermeintliche Original doch als Fälschung herausstellt, dann sind Ehre und Titel dahin.[120]

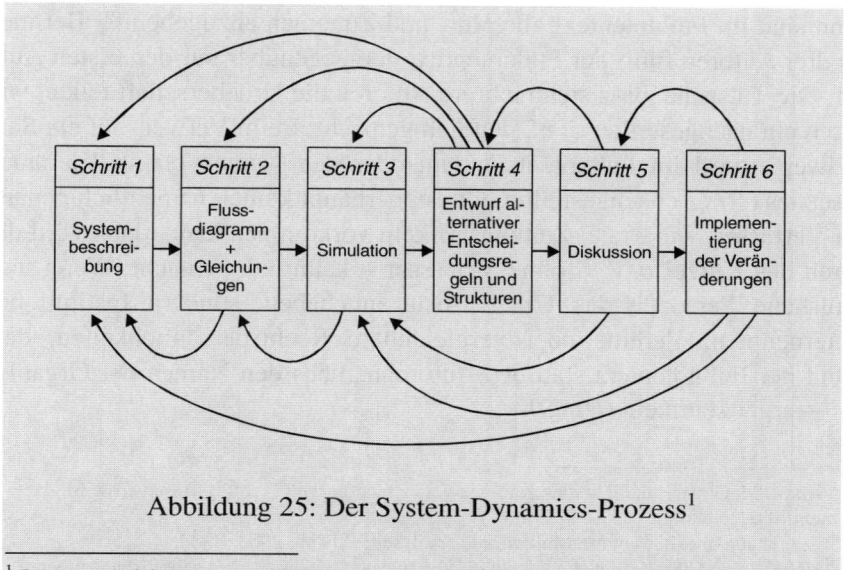

Abbildung 25: Der System-Dynamics-Prozess[1]

---
[1] In enger Anlehung an Jay W. Forrester: System Dynamics, Systems Thinking, and Soft OR, 1994, S. 245.

Fall 6: Zitieren von Daten

Wenn fremde Daten im eigenen Text verwendet oder mit selbst erstellten Tabellen oder Grafiken visualisiert werden, dann ist es Pflicht, die Datenquelle zu zitieren.

> Im Jahr 2050 werden in der Bundesrepublik bei Fortschreibung des Status-Quo 53,7223 Mio. Menschen leben.[1]
>
> ---
> [1] Vgl. Statistisches Bundesamt: 10. koordinierte Bevölkerungsvorausberechnung, 2003.

Wer eine bereits aufbereitete Tabelle oder Grafik übernimmt, zitiert wie unter Fall 5 erläutert.

---
[120] Vgl. auch: Manuel Theisen: Wissenschaftliches Arbeiten, 2005, S. 236-243.

Sonderfälle

Wird aus einem Beitrag zitiert, den zwei oder drei Autoren verfasst haben, dann sind im Fußnotentext alle Vor- und Zunamen anzugeben.[121] Bei mehr als drei Autoren führt der Fußnotentext demgegenüber nur den ersten Autor auf. Die Tatsache, dass sich mehrere Autoren die Urheberschaft teilen, wird durch ein nachgestelltes *et al.* deutlich gemacht. Beim Verweis auf ein Sammelwerk, wird im Fußnotentext dem oder den Namen ein in Klammern gesetztes *(Hrsg.)* nachgestellt. Gibt es überhaupt keinen namentlich genannten Verfasser, wie es bei Zeitungsartikeln vorkommen kann, dann wird dies durch das Kürzel *o. V.* – ohne Verfasser – kenntlich gemacht. Wenn nicht natürliche Personen das Urheberrecht innehaben, sondern Institutionen, Unternehmen, Vereine oder vergleichbare Rechtspersönlichkeiten, dann nennt der Fußnotentext statt des Autorennamens den Namen der Organisation – ergänzt um ein *(Hrsg.)*.

---

[1] Annie McGowan und Thomas Klammer: Satisfaction with Activity-Based Cost Management Implementation, 1997. S. 218.
[2] Vgl. Klaus Backhaus et al.: Multivariate Analysemethoden, 2003, S. 27.
[3] Siehe hierzu Udo Steffens und Wieland Achenbach (Hrsg.): Strategisches Management in Banken, 2002.
[4] O. V.: Schlüsselfaktor Öl, 2004, S. 25.
5 Deutsche Börse AG (Hrsg.): Geschäftsbericht, 2003, S. 208.

5.4.2 Das Autor-Jahr-System

Das Autor-Jahr-System arbeitet wie das Autor-Titel-Jahr-System mit Fußnoten. Der Fußnotentext fällt jedoch deutlich knapper aus, weil auf eine Nennung des Haupttitels verzichtet und der Vorname abgekürzt wird.[122] Die Beispiele aus Abschnitt 5.4.1 verändern sich dadurch.

---

[121] Vgl. auch The Chicago Manual of Style, 2003, S. 650 oder Manuel Theisen: Wissenschaftliches Arbeiten, 2005, S. 191.
[122] Siehe auch Axel Bänsch: Wissenschaftliches Arbeiten, 2003, S. 50.

5.4 Zitiertechniken

Fall 1: Direktes Zitieren von Text

„Je weniger es gelingt, diesen Zustand zu realisieren, um so ‚unwirtschaftlicher' arbeitet ein Betrieb."[1]

---
[1] Gutenberg, E. (1958), S. 31.

Fall 2: Indirektes Zitieren eines kompletten Satzes

Das Wirtschaftlichkeitsprinzip kann in Unternehmen nur dann befolgt werden, wenn eine Wahlmöglichkeit zwischen mindestens zwei unterschiedlichen Kombinationen von Produktionsfaktoren besteht.[1]

---
[1] Vgl. Gutenberg, E. (1958), S. 31.

Fall 3: Verweis auf eine längere Textstelle oder ein komplettes Werk

Erich Gutenberg gilt als Begründer der betriebswirtschaftlichen Produktionstheorie.[1]

Erich Gutenberg definiert Wirtschaftlichkeit gleichrangig über die Anwendung des Maximal- oder Minimalprinzips.[2]

---
[1] Vgl. Gutenberg, E. (1983).
[2] Vgl. Gutenberg, E. (1958), S. 31 f.

Fall 4: Zitieren von Gesetzestexten

Gesetzestexte werden in der gleichen Weise zitiert wie beim Autor-Titel-Jahr-System. Siehe hierzu die Ausführungen auf S. 97.

Fall 5: Zitieren von Grafiken oder Tabellen

Da viel kürzer, wird der Quellennachweis im Autor-Jahr-System bevorzugt unterhalb der Abbildung oder Tabelle platziert. Dabei wird typischerweise eine kleinere Schriftgröße verwendet. Es gelten die gleichen Konventionen wie beim Zitieren von Text.

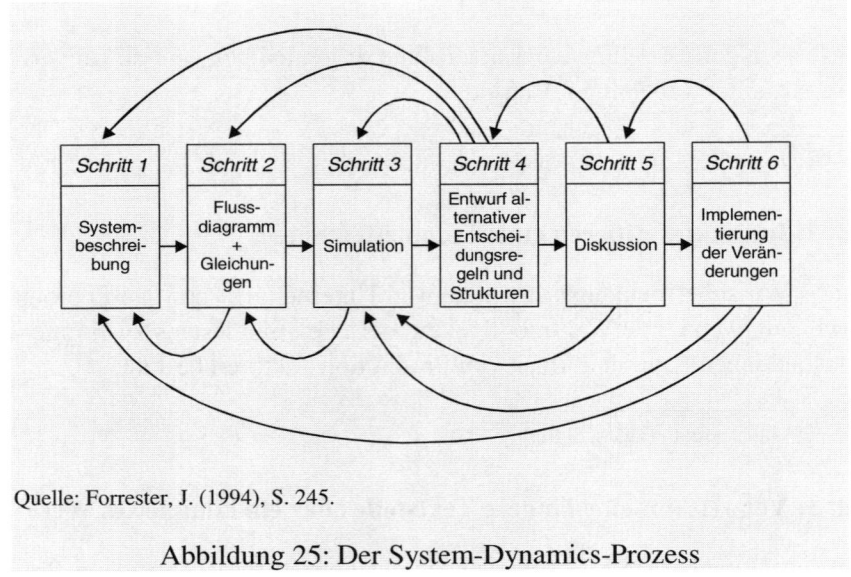

Quelle: Forrester, J. (1994), S. 245.

Abbildung 25: Der System-Dynamics-Prozess

Fall 6: Zitieren von Daten

Im Jahr 2050 werden in der Bundesrepublik bei Fortschreibung des Status-Quo 53,7223 Mio. Menschen leben.[1]

---
[1] Vgl. Statistisches Bundesamt (2003).

Sonderfälle

Namen und Vornameninitialen von bis zu drei Autoren, die einen Beitrag gemeinsam verfasst haben, werden am Übersichtlichsten durch einen Schrägstrich getrennt.[123] Bei mehr als drei Autoren führt der Fußnotentext auch im Autor-Jahr-System nur den ersten Autor auf. Die Tatsache, dass sich mehrere Autoren die Urheberschaft teilen, wird dann durch ein nachgestelltes *et al.* deutlich gemacht. Beim Verweis auf ein Sammelwerk wird im

---
[123] Diese Technik benutzt auch Theisen. Vgl. Manuel Theisen: Wissenschaftliches Arbeiten, 2005, S. 145. Standop und Meyer sowie Bänsch trennen demgegenüber mit Semikola. Vgl. Ewald Standop und Matthias Meyer: Die Form der wissenschaftlichen Arbeit, 2004, S. 74 und Axel Bänsch: Wissenschaftliches Arbeiten, 2003, S. 71. Wer die hier vorgeschlagenen Schrägstriche durch andere Trennzeichen ersetzen möchte, sollte dies mit dem Betreuer der Arbeit absprechen.

Fußnotentext dem oder den Namen ein in Klammern gesetztes *(Hrsg.)* nachgestellt. Gleiches gilt, wenn eine Organisation als Herausgeber fungiert. Gibt es überhaupt keinen namentlich genannten Verfasser, wie es bei Zeitungsartikeln vorkommen kann, dann macht dies das Kürzel *o. V.* – ohne Verfasser – kenntlich. Ist aufgrund des Namens und der Jahreszahl keine eindeutige Zuordnung von Quellenangaben in Fußnote und Literaturverzeichnis herstellbar, dann erhält die Jahreszahl nachgestellte Kleinbuchstaben.[124]

---
[1] McGowan, A./Klammer, T. (1997), S. 218.
[2] Vgl. Backhaus, K. et al. (2003), S. 27.
[3] Siehe hierzu Steffens, U./Achenbach, W. (Hrsg.) (2002).
[4] O. V. (2004a), S. 25.
[5] Deutsche Börse AG (Hrsg.) (2003), S. 208.
[6] Vgl. o. V. (2004b), S. 129.

5.4.3 Das Harvard-System

Das im Folgenden dargestellte Harvard-System verdankt seinen Namen der amerikanischen Harvard-Universität. Veröffentlichungen des universitätseigenen Verlags – der Harvard University Press – haben diese im englischen Sprachraum weit verbreitete Kurzzitiertechnik auch in Europa populär gemacht. Die Harvard University Press spricht selbst von der „author-date method of citation". Das im Folgenden dargestellte Harvard-System orientiert sich an den Konventionen dieses Verlags.[125]

Das Harvard-System verdichtet die Kurzbelegtechnik auf die kürzest mögliche Form. Die Quellenangabe besteht nur noch aus dem Nachnamen des Verfassers, dem Jahr der Veröffentlichung und der Seitenangabe. Nur in dem seltenen Fall, dass zwei Autoren gleichen Nachnamens im selben Jahr publiziert haben, müssen die Initialen der Vornamen ergänzt werden. Das Harvard-System verzichtet für das Zitieren auf Fußnoten.[126] Der Quellenverweis wird, in runde Klammern eingeschlossen, direkt in den Text eingefügt.[127]

---
[124] Vgl. Jürg Niederhauser: Die schriftliche Arbeit, 2000, S. 27
[125] Vgl. Harvard University Press: Manuscript Preparation: Author-Date Citations, 2004.
[126] Für Anmerkungen können allerdings durchaus Fußnoten eingesetzt werden.
[127] Vgl. The Chicago Manual of Style, 2003, S. 630 und 649 f.

Wenn von einem Verfasser mehr als zwei Werke in einem Jahr veröffentlicht und zitiert werden, dann ist – wie beim Autor-Jahr-System – die Jahreszahl durch Kleinbuchstaben zu ergänzen. Auf eine besondere Kennzeichnung der indirekten Zitate durch *Vgl.* oder *Siehe* in der Quellenangabe wird verzichtet. Wenn Text zitiert wird, dann kann an den vorhandenen oder nicht vorhandenen Anführungszeichen abgelesen werden, ob es sich um ein direktes oder eine indirektes Zitat handelt. Bei anderen Objekten, wie Grafiken, Tabellen oder Daten, kann ein vorangestelltes *In Anlehnung an* den Unterschied deutlich machen.

> „Je weniger es gelingt, diesen Zustand zu realisieren, um so ‚unwirtschaftlicher' arbeitet ein Betrieb" (Gutenberg, 1958, S. 31).
>
> Wenn ein Betrieb das Rationalprinzip anwendet, dann arbeitet er wirtschaftlich (Gutenberg, 1958, S. 31).

Wird der Name des Verfassers im Text genannt, dann kann die Quellenangabe weiter verkürzt werden:[128]

> Gutenberg (1958, S. 31) stellt fest, dass das Wirtschaftlichkeitsprinzip in Unternehmen nur dann befolgt werden kann, wenn eine Wahlmöglichkeit zwischen mindestens zwei unterschiedlichen Kombinationen von Produktionsfaktoren besteht.

Haben zwei Autoren gemeinsam einen Text verfasst, dann werden beide Nachnamen in die Quellenangabe aufgenommen: (Kaplan und Norton, 1996, S. 2–48). Bei mehr als zwei Autoren wird häufig nur noch der erstgenannte Autor namentlich genannt; die weiteren Autoren werden durch *et al.* ersetzt: (Backhaus et al., 2003, S. 27). Gibt es mehr als drei Autoren, wird immer nach dem Erstgenannten mit et al. abgekürzt.

Soll auf mehrere Quellen verwiesen werden, dann trennen üblicherweise Semikola die einzelnen Angaben. Dabei empfiehlt es sich, die Quellenverweise zuerst chronologisch und innerhalb der Chronologie alphabetisch zu ordnen. Die Aufzählung von mehr als drei Quellen wird im Harvard-System unübersichtlich und ist daher nach Möglichkeit zu vermeiden.

---

[128] Vgl. Harvard University Press: Manuscript Preparation: Author-Date Citations, 2004.

5.4 Zitiertechniken

> Das ressourcenbasierte Strategiekonzept hat in den letzten Jahren deutlich an Verbreitung gewonnen (Barney, 1991; Barney et al., 2001).

Wer Gesetzestexte zitiert, fügt den Gesetzesverweis entweder direkt oder in runde Klammern eingeschlossenen in den Text ein.

> „Kaufmann im Sinne dieses Gesetzbuchs ist, wer ein Handelsgewerbe betreibt" (§ 1 Abs. 1 HGB). Als Handelsgewerbe definiert § 1 Abs. 2 HGB jeden „Gewerbebetrieb, es sei denn, daß das Unternehmen nach Art oder Umfang einen in kaufmännischer Weise eingerichteten Geschäftsbetrieb nicht erfordert."
>
> Kaufleute sind zur Buchführung verpflichtet (§ 238 Abs. 1 HGB).

Beim Zitieren von Grafiken oder Tabellen erscheint der Quellenverweis am Ende der Darstellungsunter- oder -überschrift.

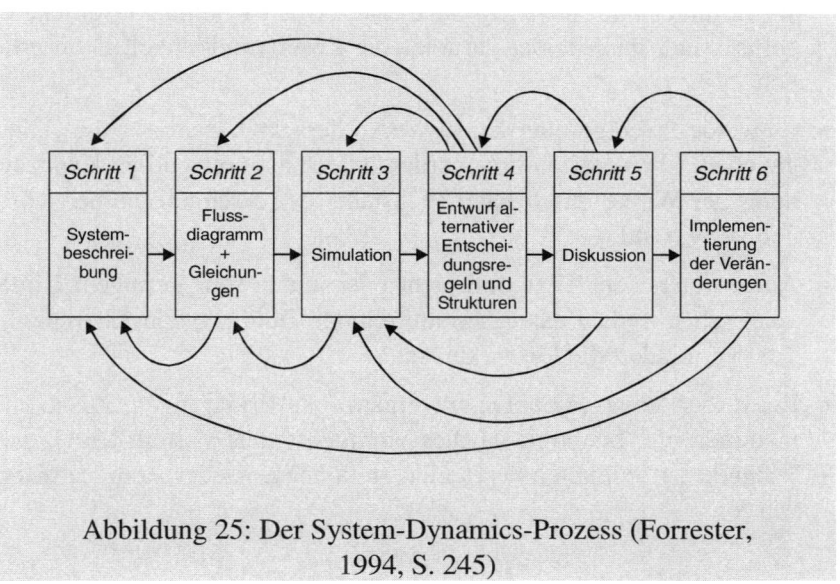

Abbildung 25: Der System-Dynamics-Prozess (Forrester, 1994, S. 245)

Ebenfalls üblich ist beim Harvard-System die direkt unterhalb der Darstellung platzierte Quellenangabe – analog zu Fall 5 auf S. 101. Dann entfällt natürlich die Ergänzung der Unter- oder Überschrift.

Der Vorteil des Harvard-Systems liegt in der Einfachheit der Handhabung. Die Quellenangaben sind Bestandteil des Fließtextes. Das vereinfacht das Layout und vermindert potenzielle Fehlerquellen. Die fehlerhafte Positionierung von Fußnotentext, mit der sich insbesondere Nutzer von Microsoft Word immer wieder herumärgern, kann so gar nicht erst auftreten. Außerdem ermöglicht es vergleichsweise elegante Literaturübersichten und -diskussionen.[129] Hier wirkt sich die Möglichkeit zur Verkürzung der Quellenangabe auf Jahr und Seitenzahl bei Nennung von Autoren im Text besonders vorteilhaft aus.[130]

Das Harvard-System ist zwar im angelsächsischen Wissenschaftsraum sehr beliebt und findet auch in Deutschland mehr und mehr Anhänger. Es ist allerdings ratsam, den Einsatz dieser Methodik auf jene wissenschaftlichen Arbeiten zu beschränken, auf die möglichst viele der folgenden Merkmale zutreffen:

- Die Anzahl der Quellennachweise insgesamt ist überschaubar.[131] Wenn hinter oder in jedem Satz einer Arbeit Klammerausdrücke eingefügt sind, dann leidet darunter die Lesefreundlichkeit doch erheblich.
- Es werden wenige oder keine Werke desselben Autors zitiert, die im gleichen Jahr veröffentlich werden. Die sonst notwendige Kennzeichnung der Werke durch Kleinbuchstaben wird schnell unübersichtlich und verwirrend.
- Anmerkungen im Text sind nicht oder nur in sehr geringem Umfang vorgesehen.[132] Die ansonsten auftretende Häufung von Klammern im Text vermindert die Lesbarkeit stark.
- Es werden keine Fußnoten für ergänzende Erklärungen, Zusatzinformationen etc. benötigt, da dies zumindest den Vorteil der Harvard-Technik, auf Fußnoten verzichten zu können, wieder zunichte machen würde

---

[129] Ein gutes Beispiel hierfür bietet Barney. Vgl. Jay W. Barney: Resource-based Theories of Competitive Advantage, 2001.
[130] Vgl. S. 104.
[131] Vgl. auch Manuel Theisen: Wissenschaftliches Arbeiten, 2005, S. 146.
[132] Vgl. Christine Stickel-Wolf und Joachim Wolf: Wissenschaftliches Arbeiten und Lerntechniken, 2002, S. 197.

5.5 Das Literaturverzeichnis

Alle drei zuvor dargestellten Zitiersysteme sind Kurzzitiertechniken. Die Quelle fremden Gedankengutes ist daher allein aus dem Text nicht ableitbar. Die Konsequenz ist, dass auf ein Literaturverzeichnis nicht verzichtet werden kann.[133]

Der Quellenverweis im Text und die Angabe im Literaturverzeichnis zusammen müssen die fremde Urheberschaft des zitierten Gedankenguts eindeutig identifizieren. Das verlangen Urhebergesetz, Prüfungsordnungen und die Moral. Der Verfasser einer wissenschaftlichen (Prüfungs-)Arbeit muss aber nicht nur dem wissenschaftlichen Ehrenkodex und den rechtlichen Regelwerken genügen; er muss auch seinen Lesern (und den Prüfern) dienen. Deswegen kommt dem Literaturverzeichnis eine zweite wichtige Aufgabe zu. Es muss dem Leser alle Information liefern, die er braucht, um sich Zugang zum zitierten Original zu verschaffen.[134] Die dafür notwendigen Informationen unterscheiden sich nach Art der Publikation und Medium. Abschnitt 5.5.1 beleuchtet daher diese Aspekte im Detail.

Ein Literaturverzeichnis darf nicht mit einer Bibliografie oder einer Empfehlungsliste verwechselt werden. Es verzeichnet ausnahmslos diejenigen Quellen, die in der Arbeit zitiert sind – nicht weniger, aber auch nicht mehr. Quellen, die der Verfasser einer wissenschaftlichen Arbeit zwar gelesen, aber nicht zitiert hat, gehören demnach nicht in das Literaturverzeichnis.[135] Die Auflistung weiterführender Literatur für den interessierten Leser, wie sie manche Lehrbuchautoren praktizieren, ist bei Hauptprüfungs- und Seminararbeiten fehl am Platz. Am Ende der Überarbeitungs- und Korrekturphase ist daher eine separate Kontrolle der Zuordnungsbeziehungen zwischen Quellenverweisen und Quellenverzeichnis sehr zu empfehlen: Der erste Durchgang sollte prüfen, ob jeder zitierten Quelle tatsächlich ein Eintrag im Literaturverzeichnis zugeordnet ist; im zweiten Durchlauf ist dann sicherzustellen, dass keine Quellen verzeichnet sind, die nicht in der Arbeit

---

[133] Für Prüfungsarbeiten kommt der Verzicht auf ein Literaturverzeichnis ohnehin nicht in Frage.
[134] Vgl. The Chicago Manual of Style, 2003, S. 594.
[135] Siehe auch Manuel Theisen: Wissenschaftliches Arbeiten, 2005, S. 189. Eine andere Auffassung vertreten Klaus Poenicke: Wie verfaßt man wissenschaftliche Arbeiten, 1988, S. 146 und Jürg Niederhauser: Die schriftliche Arbeit, 2000, S. 31.

zitiert werden. Dieser Fehler kann sehr leicht dann auftreten, wenn Textpassagen mit direkten oder indirekten Zitaten aus der Arbeit gelöscht werden, ohne dass zugleich die Aktualisierung des Literaturverzeichnisses erfolgt.

5.5.1 Angaben im Literaturverzeichnis

Eine Untergliederung des Literaturverzeichnisses ist nicht erforderlich; meistens wird dadurch das Auffinden einer im Text verwendeten Quelle sogar erschwert, weil der Leser wissen muss, in welche Kategorie eine Quelle einzuordnen ist.[136] Am lesefreundlichsten ist die einfach zu erstellende alphabetische Sortierung der Einträge. Die nachfolgende Kategorisierung von Quellen sollte daher keineswegs in das Literaturverzeichnis übertragen werden.

Selbstständig erschienene Quellen

Zu den selbstständig erschienenen Quellen gehören das Buch, der Sammelband, der Gesetzestext, der Geschäftsbericht und ähnliche Publikationen. Die im Literaturverzeichnis aufzuführenden bibliografischen Informationen umfassen
- Name(n) von Autor(en), Herausgeber(n), Institution(en)
- Titel
- Untertitel (falls vorhanden)[137]
- Auflage (falls es mehr als eine Auflage gibt)
- Erscheinungsort(e) bzw. Verlagsort(e)
- Verlag
- Erscheinungsjahr

Anders als im Quellenverweis im Text und in vielen Bibliografien werden auch bei mehr als zwei oder drei Autoren alle Namen im Literaturverzeich-

---

[136] Noch deutlicher ist Theisen, der die Differenzierung nach Literaturgattungen für unvereinbar mit der Kurzbelegmethode hält. Vgl. Manuel Theisen: Wissenschaftliches Arbeiten, 2005, S. 190.
[137] Manche Verlage und Autoren verzichten grundsätzlich auf die Angabe von Untertiteln im Literaturverzeichnis. Hier ist im Zweifelsfall eine Absprache mit dem Betreuer einer Prüfungsarbeit anzuraten.

nis aufgeführt.[138] Fehlt jede Angabe über den Urheber, wird die Abkürzung *o. V.* – ohne Verfasser – verwendet. Die Auflage eines Werkes ist erst dann anzuzeigen, wenn es sich um wenigstens die zweite Auflage handelt. Ist die Auflage besonders charakterisiert, beispielsweise dadurch, dass sie unverändert, überarbeitet oder vollständig überarbeitet ist, wird diese Zusatzinformation mit in das Literaturverzeichnis übernommen. Die Verwendung der in diesem Zusammenhang gebräuchlichen Abkürzungen ist selbstverständlich gestattet.

Bei mehr als drei Erscheinungsorten nennt man nur den ersten Ort und fügt ein *et al.* an. Bei Verlags- oder Erscheinungsorten in Nordamerika wird üblicherweise der Bundesstaat ergänzt. Sollte ausnahmsweise kein Erscheinungsort, kein Verlag oder kein Erscheinungsjahr in der Quelle angegeben sein, wird dieser Sachverhalt durch ein *o. O.* (ohne Ort), *o. Verl.* (ohne Verlag) oder *o. J.* (ohne Jahr) deutlich gemacht.[139]

Unselbstständig erschienene Quellen

Hierzu gehören insbesondere Zeitschriften- und Zeitungsartikel, aber auch Beiträge in Herausgeberwerken.

Für die Zeitschriftenartikel sind in das Literaturverzeichnis die folgenden Angaben aufzunehmen:
- Name(n) von Autor(en), Institution(en)
- Titel
- Untertitel (falls vorhanden)
- Zeitschrift
- Jahrgangsnummer
- Erscheinungsjahr
- Heftnummer
- Seitenbereich

---

[138] Chicago empfiehlt, bei mehr als zehn Verfassern nur die ersten sieben zu nennen und mit einem nachgestellten et al. darauf hinzuweisen, dass die Autorenauflistung unvollständig ist. Vgl. The Chicago Manual of Style, 2003, S. 650.

[139] Es können entweder die Abkürzungen oder die ausgeschriebene Form verwendet werden. Ist die Entscheidung allerdings gefallen, dann ist sie konsequent durchzuhalten.

Die Aufnahme von Zeitungsartikeln erfordert die folgenden Modifikationen:
- Name(n) von Autor(en) oder Agentur(en), andernfalls o. V.
- Titel
- Untertitel (falls vorhanden)
- Zeitung
- Nummer der Ausgabe
- Erscheinungsdatum
- Seitenbereich

Bei Sammelwerken sieht der Eintrag in das Literaturverzeichnis wie folgt aus:
- Name(n) von Autor(en), Institution(en)
- Titel
- Untertitel (falls vorhanden)
- Name(n) des/der Herausgeber(s)
- Titel des Herausgeberwerkes
- Untertitel des Herausgeberwerkes (falls vorhanden)
- Auflage (falls es mehr als eine Auflage gibt)
- Erscheinungsort(e) bzw. Verlagsort(e)
- Verlag
- Erscheinungsjahr
- Seitenbereich

Internetquellen

Das Internet hat sich zum weltumspannenden Informationsmedium entwickelt. In der wissenschaftlichen Forschung erleichtert und beschleunigt es das Auffinden und Verbreiten von Informationen. Die Nutzung von Quellen aus dem Internet ist daher auch in wissenschaftlichen Arbeiten stark angestiegen.

Bei der Quellenangabe im Literaturverzeichnis ist zu unterscheiden, ob (1) die Quelle zusätzlich z. B. zum klassischen Druck auch im Internet bereitgestellt wird oder ob sie (2) ausschließlich im Internet gefunden werden kann. Im ersten Fall können die oben genannten bibliografischen Angaben um die Internetadresse, unter der die Quelle bezogen werden kann, ergänzt werden. Diese wird dann üblicherweise in eckige Klammern eingeschlossen. Die

Ergänzung ist empfehlenswert, weil es dem Leser die Beschaffung der Quelle erleichtert, sie ist aber nicht verpflichtend. Für den zweiten Fall müssen die folgenden Angaben gemacht werden:[140]
- Name(n) von Autor(en), Institution(en)
- Titel
- Untertitel (falls vorhanden)
- URL
- Zugriffsdatum

Das größte Problem bei der Verwendung von Internetquellen besteht darin, dass das Internet ein sehr schnelllebiges Medium ist. Schon nach kurzer Zeit verweist die Angabe im Literaturverzeichnis möglicherweise nicht mehr auf denselben Inhalt oder zeigt ganz ins Leere. Bei einer Prüfungsarbeit muss der Verfasser daher einen Ausdruck oder eine elektronische Kopie der Quelle beifügen, um sicherzustellen, dass der Korrektor auch tatsächlich auf das zitierte Original zugreifen kann.[141]

Manche URL-Adressen sind sehr lang. Gelegentlich enthalten sie auch Punkte, Striche, Prozentzeichen und andere ungewöhnliche Zeichen. Es ist sehr wichtig, die Adresse dennoch genau zu übernehmen. Jede Veränderung hat zur Folge, dass der Leser die zitierte Quelle nicht finden kann. Daher ist die Trennung von Wörtern in einer URL nicht erlaubt; auch ein Zeilenwechsel darf lediglich nach einem Schrägstich oder einem Punkt herbeigeführt werden. Dass darunter in manchen Fällen das Schriftbild des Literaturverzeichnisses leidet, ist in Kauf zu nehmen.[142]

Die aktuelle Browsertechnologie kann noch nicht sicherstellen, dass Internetdokumente auf verschiedenen Rechnern immer gleich aussehen. Daher sind Seitenangaben für Internetdokumente eher irreführend denn hilfreich und werden grundsätzlich weggelassen. Die negative Nebenwirkung ist, dass der Leser sich dann selbst erschließen muss, welche Textstelle in der Arbeit zitiert wurde. Für kurze Internetdokumente mag dies noch zumutbar erscheinen; bei langen Texten wird es jedoch zur Zumutung. Es ist daher ratsam, lange HTML-Texte nur in Ausnahmefällen zu verarbeiten und zu

---

[140] Siehe auch Jürg Niederhauser: Die schriftliche Arbeit, 2000, S. 30.
[141] Zustimmend äußert sich Theisen: vgl. Manuel Theisen: Wissenschaftliches Arbeiten, 2005, S. 201.
[142] Die gleiche Auffassung vertritt Jürg Niederhauser: Die schriftliche Arbeit, 2000, S. 31.

zitieren. Anders als bei gewöhnlichen HTML- oder XML-Seiten ist bei Dokumenten im PDF-Format die Einheitlichkeit des Erscheinungsbildes gewährleistet; daher können diese ohne Einschränkungen verwendet werden. Die Angabe von Seitenzahlen im Quellenverweis ist hier allerdings Pflicht.

Grundsätzlich zeigen das Autor-Titel-Jahr-System, das Autor-Jahr-System und das Harvard-System die gleichen Informationen in ihren Literaturverzeichnissen. Unterschiede gibt es allerdings in der Anordnung und Formatierung der Quellenangaben. Deshalb werden die jeweiligen Besonderheiten und typischen Beispiele in den folgenden drei Abschnitten gesondert dargestellt.

5.5.2 Besonderheiten des Autor-Titel-Jahr-Systems

Selbstständig erschienene Quellen

Selbstständig erschienene Quellen erhalten im Literaturverzeichnis das folgende Format:[143]

Name, Vorname: *Titel. Untertitel.* Auflage. Erscheinungsort(e) bzw. Verlagsort(e): Verlag, Erscheinungsjahr.

Vorname und Nachname werden ausgeschrieben; von weiteren Vornamen können die Initialen angegeben werden. Bei einem zweiten oder dritten Autor werden die weiteren Verfassernamen in der Reihenfolge *Vorname Nachname* mit einem verbindenden *und* angefügt. Handelt es sich bei dem zitierten Buch um ein Herausgeberwerk, wird den Verfassern das Kürzel *Hrsg.* in runden Klammern beigefügt. Wenn Organisationen als Herausgeber fungieren, dann ersetzt deren Name sowohl Vor- als auch Nachname des Verfassers.

Titel und Untertitel werden kursiv formatiert. Weitere Untertitel werden, getrennt durch einen Punkt, angefügt. In Titeln und Untertiteln fremdsprachiger Publikationen wird eine an das Deutsche angelehnte Groß- und Kleinschreibung praktiziert: alle Wörter bis auf Artikel, Präpositionen und

---

[143] Angelehnt an The Chicago Manual of Style, 2003, S. 647–754 und Jürg Niederhauser: Die schriftliche Arbeit, 2000, S. 27.

5.5 Das Literaturverzeichnis

Konjunktionen werden danach groß geschrieben. Zwei Verlagsorte werden durch ein „und" verbunden; der dritte Ort wird, getrennt durch ein Komma, angefügt. Bei mehr als drei Orten nennt das Literaturverzeichnis nur den ersten und weist auf die weiteren Orte durch ein nachgestelltes *et al.* hin. Für Quellen, die in den Vereinigten Staaten von Amerika erscheinen, ist die Angabe des Bundesstaates nach dem Erscheinungs- oder Verlagsort üblich. Dieser wird, durch ein Komma getrennt, dem Ort nachgestellt und regelmäßig abgekürzt.

Gutenberg, Erich: *Einführung in die Betriebswirtschaftslehre.* Wiesbaden: Gabler, 1958.

Gutenberg, Erich: *Grundlagen der Betriebswirtschaftslehre. Band 1. Die Produktion.* 24., unveränd. Auflage. Berlin et al.: Springer, 1983.

Kaplan, Robert S. und David P. Norton: *The Balanced Scorecard. Translating Strategy into Action.* Boston, Mass.: Harvard Business School Press, 1996.

Steffens, Udo und Wieland Achenbach (Hrsg.): *Strategisches Management in Banken.* Frankfurt am Main: Bankakademie-Verlag, 2002.

Backhaus, Klaus et al.: *Multivariate Analysemethoden. Eine anwendungsorientierte Einführung.* 10., neu bearb. und erw. Auflage. Berlin et al.: Springer, 2003.

Borland International (Hrsg.): *Object Pascal Sprachreferenz.* Ohne Ort: ohne Verlag, 1995.

Deutsche Börse AG (Hrsg.): *Geschäftsbericht 2007.* Frankfurt am Main: ohne Verlag, 2008. [http://deutsche-boerse.com/dbag/dispatch/de/binary/gdb_navigation/investor_relations/30_Reports_and_Figures/30_Annual_Reports/10_Annual_Report_2007/Content_Files/10_complete_version/GB_komplett_2007.pdf, Zugriff: 2.9.2008].

> Statistisches Bundesamt: *10. koordinierte Bevölkerungsvorausberechnung*. Wiesbaden: Statistisches Bundesamt, 2003. [CD-ROM].

Ist wie beim Geschäftsbericht der Deutsche Börse AG eine Quelle nicht nur als Druckversion, sondern auch online verfügbar, dann informiert das Literaturverzeichnis auch über die Internetadresse und das Zugriffsdatum. Beides ist in eckige Klammern gesetzt.[144] Ist die Quelle auf einer CD-ROM oder einem anderen Datenträger zu finden, wird auch diese Besonderheit zweckmäßigerweise in rechteckigen Klammern vermerkt. Gleiches kann mit weiteren Informationen wie beispielsweise der Erstauflage oder dem fremdsprachigen Originaltitel geschehen.

Unselbstständig erschienene Quellen

Bei Artikeln, die in wissenschaftlichen Zeitschriften erschienen sind, verwendet das Autor-Titel-Jahr-System im Literaturverzeichnis die folgenden Formatierungskonventionen:

> Name, Vorname: Titel. Untertitel. In: *Zeitschrift*. Jahrgang, Erscheinungsjahr, Heftnummer. Seitenbereich.

Im Gegensatz zu den selbstständig erschienenen Quellen wird bei Zeitschriftenartikeln nicht der Titel, sondern der Name der Zeitschrift kursiv gesetzt. Die Angabe der Heftnummer ist bei deutschen Zeitschriften üblich; bei englischen wird oft darauf verzichtet. Pflicht ist die Angabe der Heftnummer immer dann, wenn die Seiten eines Jahrgangs nicht durchnummeriert sind. Bei solchen Zeitschriften müsste der Leser selbst aufwändig recherchieren, in welchem Heft der zitierte Artikel erschienen ist. Da diese Arbeit dem Leser nicht zuzumuten ist, muss in diesen Fällen die Heftnummer angegeben werden.

> Wöhe, Günther: Entwicklungstendenzen der Allgemeinen Betriebswirtschaftslehre im letzten Drittel unseres Jahrhunderts. Rückblick und Ausblick. In: *Die Betriebswirtschaft*, 50. Jg., 1990, Nr. 2. S. 225-232.

---

[144] Vgl. Manuel Theisen: Wissenschaftliches Arbeiten, 2005, S. 197 f.

5.5 Das Literaturverzeichnis

Forrester, Jay W.: System Dynamics, Systems Thinking, and Soft OR. In: *System Dynamics Review*, 10. Jg., 1994. S. 245–256.

Barney, Jay: Firm Resources and Sustained Competitive Advantage. In: *Journal of Management*, 17. Jg., 1991, Nr. 1. S. 99–120.

Barney, Jay und Mike Wright und David J. Ketchen: The Resource-based View of the Firm: Ten Years after 1991. In: *Journal of Management*, 27. Jg., 2001. S. 625–641.

McGowan, Annie S. und Thomas Klammer: Satisfaction with Activity-Based Cost Management Implementation. In: *Journal of Management Accounting Research*. 9. Jg., 1997. S. 217–237.

Zeitungsartikel werden wie folgt formatiert:

Name, Vorname: Titel. Untertitel. In: *Zeitung,* Nr. der Ausgabe, Erscheinungsdatum. Seitenbereich.

Die Nummer der Zeitungsausgabe wird meistens mit angegeben. Sie ist aber nur Pflicht, wenn sie zur eindeutigen Identifikation der Quelle erforderlich ist. Meistens ist das Erscheinungsdatum ausreichend.

Dietrich, Stefan: Die Gerechtigkeitslücke. In: *Frankfurter Allgemeine Zeitung*, Nr. 197/35, 25.8.2004. S. 1.

O. V.: Schlüsselfaktor Öl, In: *Financial Times Deutschland*, 17.8.2004. S. 25. http://www.ftd.de/pw/de/1092427854922.html [Zugriff: 2.9.2008].

Beiträge in Sammelbänden und Handwörterbüchern werden im Literaturverzeichnis wie folgt aufgeführt:

Name, Vorname: Titel. Untertitel. In: Vorname Name (Hrsg.): *Titel. Untertitel.* Auflage. Erscheinungsort(e) bzw. Verlagsort(e): Verlag, Erscheinungsjahr. Seitenbereich.

Bei Handwörterbüchern – wie z. B. beim unten verzeichneten Handwörterbuch der Produktionswirtschaft – werden oft Spalten statt Seiten gezählt. Dies macht die Abkürzung *Sp.* deutlich.

> Strohhecker, Jürgen: Bewertung, Auswahl und Umsetzung von Strategien. In: Udo Steffens und Wieland Achenbach (Hrsg.): *Strategisches Management in Banken.* Frankfurt am Main: Bankakademie-Verlag, 2002. S. 139–186.
>
> Milling, Peter: Simulationen in der Produktion, in: Werner Kern, Hans-Horst Schröder und Jürgen Weber (Hrsg.): *Handwörterbuch der Produktionswirtschaft.* 2. Aufl. Stuttgart: Schäffer-Poeschel, 1996. Sp. 1840–1852.

Internetquellen

Dokumente aus dem Internet werden im Literaturverzeichnis wie folgt nachgewiesen:

Name, Vorname: Titel. Untertitel. URL [Zugriff: Zugriffsdatum].

Wenn das Dokument nicht von namentlich genannten Autoren stammt, ist stattdessen die Organisation anzugeben. Hilft auch dies nicht weiter, wird das Dokument als *o. V.* gekennzeichnet.

> Konietzka, Dirk und Michaela Kreyenfeld: Geburtenentwicklung und Familienformen nach der Wiedervereinigung Deutschlands. http://www.mpg.de/bilderBerichteDokumente/ dokumentation/jahrbuch/2004/demografische_forschung/ forschungsSchwerpunkt/index.html [Zugriff: 2.9.2008].
>
> International Group of Controlling: Das Controller-Leitbild der IGC. http://www.controllerverein.com/index.php?id=34 [Zugriff: 2.9.2008].

Gesetzestexte

Die im Text zitierten Gesetze und Verordnungen werden im Literaturverzeichnis nicht aufgeführt, weil diese nicht nach Gesetzessammlungen, sondern immer basierend auf der amtlichen Version zitiert werden. Diese ist der Öffentlichkeit ohne Probleme zugänglich. Wenn viele Rechtsquellen verarbeit werden, ist es empfehlenswert, an das Literaturverzeichnis ein Rechtsquellenverzeichnis anzufügen.

5.5.3 Besonderheiten des Autor-Jahr-Systems

Anders als das Autor-Titel-Jahr-System ist das Autor-Jahr-System darauf angewiesen, mehrere Quellen eines Autors oder Autorengespanns, die im selben Jahr veröffentlicht wurden, durch Kleinbuchstaben nach den Jahreszahlen zu unterscheiden. Außerdem hat es sich als gängige Praxis durchgesetzt, die Jahreszahl nach vorne zu ziehen und zwischen Autor und Titel zu platzieren. Dadurch ist ein hohes Maß von Ähnlichkeit zwischen Quellenverweis und Eintrag im Literaturverzeichnis gegeben.

Da beim Autor-Jahr-System in den Fußnotentexten vom Vornamen konsequent nur der erste Buchstabe verwendet und immer nachgestellt wird, findet sich dies auch im Literaturverzeichnis wieder. Die Namen mehrerer Autoren werden durch Schrägstriche voneinander getrennt. Vor und nach den Schrägstrichen steht dabei kein Leerzeichen.[145] Schließlich werden statt Punkten Kommata zur Trennung der einzelnen Teile eines Eintrages verwendet.

Selbstständig erschienene Quellen

Name, V. (Erscheinungsjahr): *Titel, Untertitel,* Auflage, Erscheinungsort bzw. Verlagsort: Verlag.

> Gutenberg, E. (1958): *Einführung in die Betriebswirtschaftslehre,* Wiesbaden: Gabler.
>
> Gutenberg, E. (1983): *Grundlagen der Betriebswirtschaftslehre, Band 1, Die Produktion,* 24., unveränd. Aufl., Berlin et al.: Springer.
>
> Kaplan, R. S./Norton, D. P. (1996), *The Balanced Scorecard, Translating Strategy into Action,* Boston, Mass.: Harvard Business School Press.
>
> Steffens, U./Achenbach, W. (Hrsg.) (2002): *Strategisches Management in Banken,* Frankfurt am Main: Bankakademie-Verlag.

---

[145] Vgl. Duden: Die deutsche Rechtschreibung, 2006, S. 114.

Backhaus, K./Erichson, B./Plinke, W./Weiber, R. (2003): *Multivariate Analysemethoden, Eine anwendungsorientierte Einführung*, 10., neu bearb. und erw. Auflage, Berlin et al.: Springer.

Borland International (Hrsg.) (1995): *Object Pascal Sprachreferenz*, o. O.: o. Verl.

Deutsche Börse AG (Hrsg.) (2004): *Geschäftsbericht 2007*, Frankfurt am Main: o. Verl. [http://deutsche-boerse.com/dbag/dispatch/de/binary/gdb_navigation/investor_relations/30_Reports_and_Figures/30_Annual_Reports/10_Annual_Report_2007/Content_Files/10_complete_version/GB_komplett_2007.pdf, Zugriff: 2.9.2008].

Statistisches Bundesamt (2003): *10. koordinierte Bevölkerungsvorausberechnung*, Wiesbaden: Statistisches Bundesamt [CD-ROM].

Unselbstständig erschienene Quellen

Für Artikel in wissenschaftlichen Zeitschriften gelten die folgenden Konventionen:

Name, V. (Erscheinungsjahr): Titel, Untertitel, in: *Zeitschrift,* Jahrgang, Heftnummer, Seitenbereich.

Wöhe, G. (1990): Entwicklungstendenzen der Allgemeinen Betriebswirtschaftslehre im letzten Drittel unseres Jahrhunderts, Rückblick und Ausblick, in: *Die Betriebswirtschaft*, 50. Jg., Nr. 2, S. 225–232.

Forrester, J. W. (1994): System Dynamics, Systems Thinking, and Soft OR, in: *System Dynamics Review*, 10. Jg., S. 245–256.

Barney, J. (1991): Firm Resources and Sustained Competitive Advantage, in: *Journal of Management*, 17. Jg., Nr. 1. S. 99–120.

Barney, J./Wright, M./Ketchen, D. J. (2001): The Resource-based View of the Firm: Ten Years after 1991, in: *Journal of Management*, 27. Jg., S. 625–641.

McGowan, A. S./Klammer, S. (1997): Satisfaction with Activity-Based Cost Management Implementation, in: *Journal of Management Accounting Research*, 9. Jg., S. 217–237.

Zeitungsartikel werden wie folgt formatiert:

Name, V. (Erscheinungsjahr): Titel, Untertitel, in: *Zeitung,* Nr. der Ausgabe, Erscheinungsdatum, Seitenbereich.

Dietrich, S. (2004): Die Gerechtigkeitslücke, in: *Frankfurter Allgemeine Zeitung*, Nr. 197/35, 25.8.2004, S. 1.

o. V. (2004a): Schlüsselfaktor Öl, in: *Financial Times Deutschland*, 17.8.2004, S. 25 http://www.ftd.de/pw/de/1092427854922.html [Zugriff: 2.9.2008].

Beiträge in Sammelbänden und Handwörterbüchern werden im Literaturverzeichnis wie folgt aufgeführt:

Name, V. (Erscheinungsjahr): Titel, Untertitel, in: Name, V. (Hrsg.): *Titel, Untertitel,* Auflage, Erscheinungsort bzw. Verlagsort: Verlag, Seitenbereich.

Strohhecker, J. (2002): Bewertung, Auswahl und Umsetzung von Strategien, in: Steffens, U./Achenbach, W. (Hrsg.): *Strategisches Management in Banken,* Frankfurt am Main: Bankakademie-Verlag, S. 139–186.

Milling, P. (1996): Simulationen in der Produktion, in: Kern, W./Schröder, H.-H./Weber, J. (Hrsg.): *Handwörterbuch der Produktionswirtschaft,* 2. Aufl., Stuttgart: Schäffer-Poeschel, Sp. 1840–1852.

Internetquellen

Dokumente aus dem Internet werden im Literaturverzeichnis wie folgt nachgewiesen:

Name, V. (Veröffentlichungs- oder Zugriffsjahr): Titel, Untertitel, URL [Zugriff: Zugriffsdatum].

Konietzka, D./Kreyenfeld, M. (2004): Geburtenentwicklung und Familienformen nach der Wiedervereinigung Deutschlands. http://www.mpg.de/bilderBerichteDokumente/ dokumentation/jahrbuch/2004/demografische_forschung/forschungsSchwerpunkt/index.html [Zugriff: 2.9.2008].

International Group of Controlling (2004): Das Controller-Leitbild der IGC. http://www.controllerverein.com/index.php?id=34 [Zugriff: 2.9.2008].

5.5.4 Besonderheiten des Harvard-Systems

Die im Folgenden dargestellten Formatierungsregeln für das Harvard-System lehnen sich an die Richtlinien für Autoren der Harvard University Press an.[146] Danach werden die Namen und Vornamen der Autoren ausgeschrieben. Der Punkt findet als Trennung breite Anwendung. Lediglich Verlagsort und Verlag werden durch einen Doppelpunkt getrennt.

Selbstständig erschienene Quellen

Selbstständig erschienene Quellen erhalten die folgende Formatierung:

Name, Vorname. Erscheinungsjahr. *Titel. Untertitel.* Auflage. Erscheinungsort(e) bzw. Verlagsort(e): Verlag.

Gutenberg, Erich. 1958. *Einführung in die Betriebswirtschaftslehre.* Wiesbaden: Gabler.

Gutenberg, Erich. 1983. *Grundlagen der Betriebswirtschaftslehre. Band 1. Die Produktion.* 24., unveränd. Aufl. Berlin et al.: Springer.

Kaplan, Robert S. und David P. Norton. 1996. *The Balanced Scorecard. Translating Strategy into Action.* Boston, Mass.: Harvard Business School Press.

---

[146] Vgl. Harvard University Press: Manuscript Preparation: Author-Date Citations, 2004.

Steffens, Udo und Wieland Achenbach (Hrsg.). 2002. *Strategisches Management in Banken*. Frankfurt am Main: Bankakademie-Verlag.

Backhaus, Klaus und Bernd Erichson und Wulff Plinke und Rolf Weiber. 2003. *Multivariate Analysemethoden. Eine anwendungsorientierte Einführung*. 10., neu bearb. und erw. Auflage. Berlin et al.: Springer.

Borland International (Hrsg.). 1995. *Object Pascal Sprachreferenz*. Ohne Ort: ohne Verlag.

Deutsche Börse AG (Hrsg.). 2008. *Geschäftsbericht 2007*. Frankfurt am Main: o. Verl. [http://deutsche-boerse.com/dbag/dispatch/de/binary/gdb_navigation/investor_relations/30_Reports_and_Figures/30_Annual_Reports/10_Annual_Report_2007/Content_Files/10_complete_version/GB_komplett_2007.pdf, Zugriff: 2.9.2008].

Statistisches Bundesamt. 2003. *10. koordinierte Bevölkerungsvorausberechnung*. Wiesbaden: Statistisches Bundesamt. [CD-ROM].

Unselbstständig erschienene Quellen

Bei Artikeln, die in wissenschaftlichen Zeitschriften erschienen sind, verwendet das Harvard-System die folgenden Formatierungskonventionen:

Name, Vorname. Erscheinungsjahr. Titel. Untertitel. *Zeitschrift*. Jahrgang. Heftnummer. Seitenbereich.

Jahrgang oder Heftnummer werden ohne vorangestellte Kürzel aufgeführt. Wegen der fehlenden Kennzeichnung ist es wichtig, immer zuerst den Jahrgang und dann die Heftnummer zu nennen.

Wöhe, Günther. 1990. Entwicklungstendenzen der Allgemeinen Betriebswirtschaftslehre im letzten Drittel unseres Jahrhunderts. Rückblick und Ausblick. *Die Betriebswirtschaft*. 50. 2. S. 225–232.

> Forrester, Jay W. 1994. System Dynamics, Systems Thinking, and Soft OR. *System Dynamics Review*. 10. S. 245–256.
>
> Barney, Jay. 1991. Firm Resources and Sustained Competitive Advantage. *Journal of Management*. 17. 1. S. 99–120.
>
> Barney, Jay und Mike Wright und David J. Ketchen. 2001. The Resource-based View of the Firm: Ten Years after 1991. *Journal of Management*. 27. S. 625–641.
>
> McGowan, Annie S. und Thomas Klammer. 1997. Satisfaction with Activity-Based Cost Management Implementation. *Journal of Management Accounting Research*. 9. S. 217–237.

Zeitungsartikel werden im Harvard-System wie folgt formatiert:

Name, Vorname. Erscheinungsjahr. Titel. Untertitel. *Zeitung*. Nr. der Ausgabe, Erscheinungsdatum. Seitenbereich.

> Dietrich, Stefan. 2004. Die Gerechtigkeitslücke. *Frankfurter Allgemeine Zeitung*. Nr. 197/35. 25.8. S. 1.
>
> O. V. 2004. Schlüsselfaktor Öl. *Financial Times Deutschland*. 17.8. S. 25. http://www.ftd.de/pw/de/1092427854922.html [Zugriff: 2.9.2008].

Beiträge in Sammelbänden und Handwörterbüchern werden im Literaturverzeichnis wie folgt aufgeführt:

Name, Vorname. Erscheinungsjahr. Titel. Untertitel. In Vorname Name (Hrsg.). *Titel. Untertitel*. Auflage. Erscheinungsort bzw. Verlagsort: Verlag. Seitenbereich.

> Strohhecker, Jürgen. 2002. Bewertung, Auswahl und Umsetzung von Strategien. In Udo Steffens und Wieland Achenbach (Hrsg.). *Strategisches Management in Banken*. Frankfurt am Main: Bankakademie-Verlag. S. 139–186.
>
> Milling, Peter. 1996. Simulationen in der Produktion. In Werner Kern, Hans-Horst Schröder und Jürgen Weber (Hrsg.). *Hand-*

> *wörterbuch der Produktionswirtschaft.* 2. Aufl. Stuttgart: Schäffer-Poeschel. Sp. 1840–1852.

Internetquellen

Bei Dokumenten aus dem Internet gibt es für das Harvard-System keine Besonderheiten gegenüber den anderen beiden Konventionen:

Name, Vorname: Titel. Untertitel. URL [Zugriff: Zugriffsdatum].

> Konietzka, Dirk und Michaela Kreyenfeld: Geburtenentwicklung und Familienformen nach der Wiedervereinigung Deutschlands. http://www.mpg.de/bilderBerichteDokumente/ dokumentation/jahrbuch/2004/demografische_forschung/ forschungsSchwerpunkt/index.html [Zugriff: 2.9.2008].
>
> International Group of Controlling: Das Controller-Leitbild der IGC. http://www.controllerverein.com/index.php?id=34 [Zugriff: 2.9.2008].

5.5.5 Layoutalternativen für das Literaturverzeichnis

In der Gestaltung des Layouts des Literaturverzeichnisses herrscht in wissenschaftlichen Schriften keine Einheitlichkeit. Verbreitet – werden wie zuvor vorgeschlagen – hängende Einzüge verwendet, um Verfasser oder Herausgeber hervorzuheben.[147] Gelegentlich wird der Name des Verfassers oder Herausgebers zusätzlich kursiv hervorgehoben.[148] Manchmal wird – wie im folgenden Beispiel – für den gleichen Zweck eine Halbfettschrift eingesetzt und auf den hängenden Einzug verzichtet:

> **Kaplan, Robert S.** und **David P. Norton:** *The Balanced Scorecard. Translating Strategy into Action.* Boston, Mass.: Harvard Business School Press, 1996.

---

[147] So unter anderem The Chicago Manual of Style, 2003, S. 657 f. oder Walter Krämer: Seminar- oder Examensarbeit, 1999, S. 194.
[148] Diese Vorgehensweise ist beispielsweise beim Verlag Duncker & Humblot üblich.

Es gibt Prüfer, die eine tabellarische Gestaltung des Literaturverzeichnisses bevorzugen, weil beim Autor-Jahr-System auf diese Weise der Verweis in den Fußnoten besonders prägnant mit den Einträgen im Literaturverzeichnis verknüpft ist.

Kaplan, R. S. Norton, D. P. (1996)	*The Balanced Scorecard, Translating Strategy into Action*, Boston, Mass: Harvard Business School Press.

Eine kurze Rücksprache mit dem Betreuer einer Prüfungsarbeit vermeidet, dass besondere Wünsche an die Gestaltung des Literaturverzeichnisses nicht beachtet werden.

6 Schreiben und Formatieren

6.1 Schreibstil und -perspektive

Wie jeder Text hat auch ein wissenschaftlicher Text die primäre Aufgabe, Inhalte zu kommunizieren und zu speichern. Um diese Funktion zu erfüllen, muss ein wissenschaftlicher Text von seinen Lesern verstanden werden können. Ein klarer, unkomplizierter Schreibstil ist dabei von großem Nutzen. Er lässt das behandelte Problem deutlich hervortreten und macht die Abfolge der Argumente leicht nachvollziehbar. Theisen empfiehlt vor diesem Hintergrund, für die sprachliche Ausarbeitung einige Mühe aufzuwenden. Er begründet dies mit dem ansonsten leicht entstehenden Verdacht: „Wer unscharf schreibt, hat auch unklar gedacht."[149]

Wissenschaftliches Schreiben erfordert keineswegs einen besonders komplizierten und verschachtelten Stil. Beim Lesen so manch eines wissenschaftlichen Werkes lässt sich der Verdacht zwar kaum ausräumen, dass hier einfache Sachverhalte absichtlich verzwickt ausgedrückt werden, um eine nicht vorhandene Wissenschaftlichkeit vorzuspiegeln. Solche Texte sind keine guten Vorbilder, eher abschreckende Beispiele. Gerade dann, wenn die Inhalte kompliziert sind, ist ein klarer, gut strukturierter Stil besonders hilfreich. Kurze Sätze, die nur eine Aussage enthalten, sind dafür eindeutig besser geeignet als der Schachtelsatz Thomas Mann'scher Prägung. Theisen empfiehlt die Anwendung des einfachen Grundsatzes: „Die Hauptsache gehört in den Hauptsatz und die Nebensache in den Nebensatz."[150]

Für die wissenschaftliche Arbeit ist ebenso wenig eine hochtrabende, prosaische Stilebene zu empfehlen wie die saloppe Umgangssprache des Alltags.[151] Auch vom journalistischen Stil sollte sich der Autor einer wissenschaftlichen Schrift nicht zu sehr inspirieren lassen. Hier stellt der Leser sonst allzu schnell den wissenschaftlichen Ernst des Verfassers in Frage.

---

[149] Manuel Theisen: Wissenschaftliches Arbeiten, 2005, S. 135.
[150] Manuel Theisen: Wissenschaftliches Arbeiten, 2005, S. 137.
[151] Vgl. Ewald Standop und Matthias Meyer: Die Form der wissenschaftlichen Arbeit, 2004, S. 191.

Die wissenschaftliche Gemeinschaft als Adressat ist am meisten mit einem sachlichen, nüchternen und dennoch verständlichen und lebendigen Stil zu beeindrucken. Fachausdrücke und themenspezifische Abkürzungen sind dann unproblematisch, wenn der angesprochene Leserkreis mit ihnen umgehen kann. Zu vermeiden ist demgegenüber eine Überfrachtung des Textes mit Fremdwörtern, fremdsprachlichen Ausdrücken und wissenschaftlichen Modewörter. Insbesondere das Englische – als weltweite Wissenschaftssprache heute zwar unumgänglich – hält manches Mal in einem solchen Umfang in eine Arbeit Einzug, dass das Deutsche dazwischen kaum noch ersichtlich ist.[152] Wo sich Wörter nicht ohne Bedeutungsverlust übersetzen lassen oder die englische Version in der Fachsprache üblich geworden ist, braucht zwar nicht mühsam nach einer Übersetzung gesucht zu werden. Aber es sollte für jeden Autor eine Selbstverständlichkeit sein, explizit zu prüfen, ob nicht ein genauso gut geeignetes deutsches Wort verfügbar ist.

Kontrovers diskutiert und unterschiedlich praktiziert ist die Art und Weise, wie Autoren ihren eigenen Standpunkt formulieren. Hier stößt der Leser auf Ich- und Wir-Form ebenso wie auf das unpersönliche „man" und die völlig neutral gehaltene Arbeit, die jeden Selbstbezug zu vermeiden trachtet. Über viele Jahre hinweg war es nur den sehr bekannten und berühmten Wissenschaftlern vorbehalten, in ihren Texten das „Ich" zu benutzen.[153] Den weniger namhaften Autoren – insbesondere den Studierenden – wurden die Wir-Form, das Passiv und die Vermeidung eines jeden Selbstbezugs nahe gelegt. Dies ändert sich. Krämer nennt die alte akademische Tradition, dass wissenschaftliche Erkenntnis in der Leideform weiterzugeben sei, „antiquiert"[154]. Standop und Meyer halten auch das „Wir" des Pluarlis Modestatis für gestelzt und veraltet; das inklusive „Wir", das den Leser mit einbezieht, halten sie jedoch für „ohne weiteres gestattet".[155] Theisen ist hier anderer Auffassung und findet gerade diese an eine Arzt-Patienten-Beziehung erinnernde Ausdrucksweise abschreckend; auch das anonyme „man" ist nach seiner Meinung zu vermeiden.[156] Die Erkenntnis scheint allmählich um sich

---

[152] Abschreckende Beispiele schildert etwa Walter Krämer: Seminar- oder Examensarbeit, 1999, S. 158 f.
[153] Karl Popper hat beispielsweise in den meisten seiner Werke die Ich-Form benutzt. Siehe etwa Karl R. Popper: Objektive Erkenntnis, 1984.
[154] Walter Krämer: Seminar- oder Examensarbeit, 1999, S. 156 f.
[155] Ewald Standop und Matthias Meyer: Die Form der wissenschaftlichen Arbeit, 2004, S. 196.
[156] Manuel Theisen: Wissenschaftliches Arbeiten, 2005, S. 138.

zu greifen, dass die Ich-Form viel besser ist als ein antiquiert wirkender sprachlicher „Eiertanz"[157]. Es damit zu übertreiben und in „Ich-Orgien"[158] zu verfallen ist sicherlich nicht ratsam. Aber es gibt heute keinen Grund mehr, diese Formulierung unter allen Anstrengungen zu vermeiden.[159]

6.2 Formale Bestandteile einer wissenschaftlichen Arbeit

Deckblatt

Das Deckblatt der Arbeit nennt den Titel der Arbeit, falls vorhanden auch den Untertitel, und den oder die Verfasser. Bei einer wissenschaftlichen Prüfungsarbeit sind darüber hinaus die folgenden Informationen anzugeben:

- Art der Arbeit (Bachelor-Thesis, Master-Thesis, Diplomarbeit usw.)
- Universität, Fachhochschule, Prüfungsinstitution oder Schule
- Name des betreuenden Dozenten oder der betreuenden Dozentin (eingereicht bei ...), ggf. auch Name des Zweitgutachters
- Matrikelnummer, Adresse, Telefon und E-Mail-Adresse des Verfassers
- Ort der Erstellung, Monat und Jahr der Abgabe

Grafische Elemente, Logos oder Farben sind für die Titelseiten von wissenschaftlichen Prüfungsarbeiten unangemessen. Ein schlichtes, klares Layout ist vorzuziehen. Abbildung 17 zeigt eine Vorlage für das Deckblatt einer Prüfungsarbeit. Die in geschweifte Klammern gesetzten Elemente sind Platzhalter und durch die individuellen Einträge zu ersetzen. Beispiele für eine Master-Thesis, eine Bachelor-Thesis und eine Seminararbeit finden sich in den Abbildungen 18 bis 20 im Anhang (S. 141–143).

---

[157] Walter Krämer: Seminar- oder Examensarbeit, 1999, S. 156.
[158] Walter Krämer: Seminar- oder Examensarbeit, 1999, S. 156.
[159] Die gleiche Empfehlung geben Poenicke, Krämer, Theisen und Standop und Meyer. Siehe hierzu Klaus Poenicke: Wie verfasst man wissenschaftliche Arbeiten, 1988, S. 114; Walter Krämer: Seminar- oder Examensarbeit, 1999, S. 156 f.; Manuel Theisen: Wissenschaftliches Arbeiten, 2005, S. 138 f.; Ewald Standop und Matthias Meyer: Die Form der wissenschaftlichen Arbeit, 2004, S. 195 f. Eco empfiehlt demgegenüber immer noch das wir und begründet wie folgt: „Man sagt ‚wir', weil man davon ausgeht, daß eine Feststellung von den Lesern geteilt werden kann." Umberto Eco: Wie man eine wissenschaftliche Abschlußarbeit schreibt, 2005, S. 195.

```
                    {Titel}
                  {Untertitel}


                 Bachelor-Thesis
        an der Frankfurt School of Finance & Management




                  eingereicht bei
                  {Erstgutachter}
                      {und}
                  {Zweitgutachter}


                       von
                  {Vorname Name}
           Matrikelnummer: {Matrikelnummer}
                {Straße Hausnummer}
                     {PLZ Ort}
              Telefon: {Telefonnummer}
              E-Mail: {E-Mail-Adresse}


                  {Ort, Monat Jahr}
```

Abbildung 17: Vorlage für ein Titelblatt

Inhaltsverzeichnis

Im Inhaltsverzeichnis werden alle formalen Bestandteile der Arbeit und jeder Gliederungspunkt mit Seitenzahlen nachgewiesen. Für die Seitenzählung gibt es zwei Varianten. Die eine Variante beginnt die Seitenzählung mit dem Deckblatt und nummeriert alle Seiten der Arbeit aufsteigend mit arabischen Ziffern durch.[160] Häufiger noch zu finden ist die gleichzeitige Verwendung von römischen und arabischen Ziffern für die Seitenzählung.

---

[160] Diese Technik favorisiert Walter Krämer: Seminar- oder Examensarbeit, 1999, S. 231. Auch der renommierte Wissenschaftsverlag Duncker und Humblot geht in seinen Büchern so vor.

Die Verwendung arabischer Seitenzahlen markiert dabei den Beginn des Haupttextes. Das Deckblatt, alle Verzeichnisse vor dem Text und alle Vortexte werden mit römischen Ziffern gezählt. Krämer hält diese Technik allerdings für einen Notbehelf aus der Schreibmaschinenzeit – damals hilfreich, um Vortexte auch nach Fertigstellung der Arbeit einfach voranstellen zu können, im Computerzeitalter abschaffenswert.[161] Theisen argumentiert demgegenüber, dass die gemischte Verwendung von römischen und arabischen Ziffern die Umfangskontrolle vereinfacht und auch heute noch ihre Daseinsberechtigung hat.[162] Letztlich ist es eine Geschmacksfrage, die im Zweifel in einem kurzen Gespräch mit dem Betreuer der Arbeit entschieden werden sollte.

Verzeichnis der Tabellen

Im Tabellenverzeichnis werden alle im Text vorkommenden Tabellen mit Beschriftung und Seitenzahl aufgelistet. Die Tabellen werden über die ganze Arbeit hinweg fortlaufend durchnummeriert.

Verzeichnis der Abbildungen

Abbildungen werden wie Tabellen behandelt. Das Abbildungsverzeichnis listet alle in den Text eingebundenen Abbildungen mit Beschriftung und Seitenzahl.

Abkürzungsverzeichnis

Abkürzungen – mit Ausnahme der ganz bekannten und selbst in der Umgangssprache verwendeten – stören den Lesefluss.[163] Deshalb ist der Autor einer wissenschaftlichen Arbeit gut beraten, dem Leser die Lektüre nicht durch eine Vielzahl von Abkürzungen unnötig zu erschweren. Kann oder will er die Verwendung von Abkürzungen nicht vermeiden, ist darauf zu achten, dass sie konsequent im ganzen Text benutzt werden. Der Wechsel zwischen der Abkürzung und der ausgeschriebenen Form ganz nach Lust

---

[161] Vgl. Walter Krämer: Seminar- oder Examensarbeit, 1999, S. 231.
[162] Vgl. Manuel Theisen: Wissenschaftliches Arbeiten, 2005, S. 179.
[163] Diese Meinung vertreten auch Niederhauser und Theisen. Vgl. Jürg Niederhauser: Die schriftliche Arbeit, 2000, S. 21 und Manuel Theisen: Wissenschaftliches Arbeiten, 2005, S. 183.

und Laune ist störend und ärgerlich. Einzige Ausnahme von dieser Regel ist das Verbot von Abkürzungen an Satzanfängen. Dort wird immer die ausgeschriebene Form benutzt.[164]

Abkürzungen, die aus mehreren mit Punkt getrennten Einzelbuchstaben bestehen – beispielsweise d. h. oder z. B. – werden mit einem verringerten Leerraum zwischen den Buchstaben formatiert. Dieser wird am besten durch ein so genanntes geschütztes Leerzeichen mit reduzierter Laufweite erzeugt, damit eine solche Abkürzung am Zeilenende nicht unglücklich getrennt wird.

Wer sich auf die im Duden[165] verzeichneten Abkürzungen beschränkt und – wie empfohlen – auf die Verwendung fachspezifischer oder selbst erfundener Abkürzungen verzichtet, braucht der Arbeit kein Abkürzungsverzeichnis beizufügen. Die gängigen, im Duden verzeichneten Abkürzungen, haben in einem Abkürzungsverzeichnis nichts zu suchen. Nur solche Abkürzungen, die nicht im Duden zu finden sind, bedürfen der „Übersetzung" und werden daher in einem Abkürzungsverzeichnis zusammengesellt. Bei ihrer erstmaligen Verwendung wird die Abkürzung der ausgeschriebenen Form in runden Klammern hintangestellt. Beispiel:

> Die Balanced Scorecard (BSC) gehört zu den bedeutsamen Controllinginnovationen der letzten 20 Jahre.

Symbolverzeichnis

Mathematisch ausgerichtete Arbeiten kommen oftmals nicht ohne die Verwendung von Symbolen aus. Mit Ausnahme der allgemeinverständlichen Zeichen und deren Kombinationen – beispielsweise €, §, $ % usw. – müssen dann alle in einer Arbeit verwendeten Symbole in einem gesonderten Symbolverzeichnis erklärt werden. Zu Recht weist Krämer darauf hin, dass es keinem Leser zugemutet werden kann, jedes einmal eingeführte Symbol im Kopf zu behalten.[166]

---

[164] Vgl. Jürg Niederhauser: Die schriftliche Arbeit, 2000, S. 21.
[165] Vgl. Duden: Die deutsche Rechtschreibung, 2006.
[166] Vgl. Walter Krämer: Seminar- oder Examensarbeit, 1999, S. 172.

Vortexte

Vortexte stehen zwischen den Verzeichnissen und dem Haupttext. Bei ihnen handelt es sich üblicherweise um ein Motto oder Sprichwort, eine Widmung, ein Geleitwort oder ein Vorwort. Zwar sind Vortexte in Büchern oft und gerne gesehen; auch in Dissertationen oder Habilitationsschriften sind sie gebräuchlich. Für alle anderen Prüfungsarbeiten sind sie jedoch unüblich. Von einer Lobeshymne auf den Prüfer oder Betreuer einer Arbeit ist in jedem Fall abzuraten. Das wirkt im besten Fall anbiedernd, könnte aber auch als ein Versuch, Einfluss zu nehmen, missverstanden werden.[167] Es ist daher am besten, solche Fettnäpfchen zu vermeiden und Vortexte ganz wegzulassen.

Text

Im Textteil der Arbeit erfolgt die Bearbeitung des Themas. Hinweise zum Strukturieren dieses Teils finden sich in Abschnitt 1, Hinweise zum Schreibstil in Abschnitt 6.1.

Anhang

Im Anhang darf nur stehen, was nicht zwingend zum Verständnis des Textes gehört und dennoch als wichtiger Bestandteil der wissenschaftlichen Arbeit anzusehen ist. Tabellen und Abbildungen, die zum Textverständnis erforderlich sind, gehören in den Textteil. Nur dann, wenn diese so umfangreich oder groß ausfallen, dass sie sich nicht oder nur sehr mühsam in den Text integrieren lassen, dürfen sie im Anhang positioniert werden. Beispiele hierfür sind die Datentabellen einer statistischen Auswertung, die Gleichungen eines mathematischen Modells oder der Code eines Computerprogramms. Auch die Unterlagen für die Erhebung primärer Daten, wie beispielsweise der Fragebogen einer empirischen Studie fallen in die Kategorie zulässiger Anhänge. In keinem Fall darf der Anhang als „'Müllhalde' für anderweitig nicht untergebrachte Textelemente"[168] verwendet werden.

---

[167] Ebenso Manuel Theisen: Wissenschaftliches Arbeiten, 2005, S. 188.
[168] Christine Stickel-Wolf und Joachim Wolf: Wissenschaftliches Arbeiten und Lerntechniken, 2002, S. 218.

Literaturverzeichnis

Im Literaturverzeichnis ist alle in der Arbeit zitierte Literatur aufgeführt – aber auch nur diese. Detaillierte Hinweise zum Literaturverzeichnis finden sich in Abschnitt 5.5.

Eidesstattliche Versicherung

Jede wissenschaftliche Prüfungsarbeit ist mit der eidesstattlichen Versicherung, dass die Arbeit vom Unterzeichnenden selbst verfasst worden ist, abzuschließen. Diese Erklärung findet sich auf der letzten Seite der Arbeit und lautet beispielsweise:[169]

> *Ich versichere hiermit an Eides Statt, dass ich die vorliegende Arbeit selbstständig und ohne Benutzung anderer als der angegebenen Hilfsmittel angefertigt habe. Für alle Inhalte, die wörtlich oder sinngemäß aus veröffentlichten oder nicht veröffentlichten Quellen gleich welcher Art entnommen sind, habe ich die fremde Urheberschaft kenntlich gemacht. Die Arbeit ist in gleicher oder ähnlicher Form weder im Inland noch im Ausland als Prüfungsarbeit eingereicht worden. Sie ist auch noch nicht veröffentlicht.*
>
> *Ort, Datum   (Unterschrift des/der Verfassers/in)*

Bitte achten Sie darauf, dass Sie die eidesstattliche Versicherung in jedem Exemplar der Arbeit, das Sie im Prüfungsamt abgeben, eigenhändig unterschreiben. Also erst kopieren, dann unterschreiben und nicht umgekehrt!

Sollte sich diese Versicherung als unrichtig oder unvollständig erweisen, liegt eine Täuschung vor und der Leistungsnachweis wird aberkannt. Die Unterschrift ist also weit mehr als eine Formsache.

---

[169] In Anlehnung an Manuel Theisen: Wissenschaftliches Arbeiten, 2005, S. 208 f.

6.3 Umfang und Format des Textes

Der Umfang einer Seminararbeit beläuft sich typischerweise auf 12 bis 20 Seiten. Bei einer Hauptprüfungsarbeit ist der Umfang der Arbeit stärker vom Thema und von der nach der Prüfungsordnung gewährten Bearbeitungszeit abhängig; für eine Bachelor-Thesis werden üblicherweise 35 bis 45 Seiten als Orientierungsgröße genannt; bei einer Master-Thesis oder Diplomarbeit schwankt der Umfang zwischen 60 und 100 Seiten.

Wissenschaftliche Prüfungsarbeiten werden einseitig auf weißes Papier im DIN A4-Format gedruckt. Für die Seitenränder sind 3,5 cm links, 2 cm rechts, 2,5 cm oben und 2 cm unten üblich. Der Text wird in Schriftgröße 12 mit eineinhalbzeiligem Abstand gedruckt. Vor und nach Überschriften und zwischen einzelnen Absätzen empfehlen sich ausreichend große Abstände, um die Lesbarkeit der Arbeit zu erhöhen. Ein gutes, ansprechendes Layout der Arbeit macht zwar aus einer inhaltlich schwachen Arbeit keine Glanzleistung. Aber es lohnt sich dennoch, die Arbeit mit Sorgfalt und Akribie zu gestalten. Denn die Form der Arbeit ist in jedem Fall ein Bewertungskriterium. Abzüge wegen Nachlässigkeiten sind hier besonders schmerzhaft.

Da die meisten Prüfungsarbeiten heute mit computerbasierter Textverarbeitungssoftware erstellt und formatiert werden, empfiehlt es sich, die gängigen Konventionen für den Schriftsatz zu beachten.[170] Wer diese einhält, sorgt automatisch für durchgängig konsistente Gestaltung und vermeidet, dass ein Gutachter auf die Idee kommt, Punktabzüge wegen Verletzungen von Formvorschriften vorzunehmen.

---

[170] Vgl. Duden: Die deutsche Rechtschreibung, 2006, S. 101–122.

Literaturverzeichnis

Albert, Hans: Probleme der Theoriebildung. Entwicklung, Struktur und Anwendung sozialwissenschaftlicher Theorien. In: Hans Albert (Hrsg.): *Theorie und Realität. Ausgewählte Aufsätze zur Wissenschaftslehre der Sozialwissenschaften*. 2., veränd. Auflage. Tübingen: Mohr, 1972. S. 3–70.

Albert, Hans: *Kritischer Rationalismus. Vier Kapitel zur Kritik illusionären Denkens*. Tübingen: Mohr, 2000.

Babiak, Ulrich: *Effektive Suche im Internet*. 4., aktualisierte u. überarb. Auflage. Beijing et al.: O'Reilly, 2001.

Bänsch, Axel: *Wissenschaftliches Arbeiten. Seminar- und Diplomarbeiten*. 8., durchges. u. erw. Auflage. München: Oldenbourg, 2003.

Barney, Jay W.: Resource-based Theories of Competitive Advantage: A Ten-year Retrospective on the Resource-based View. In: *Journal of Management*. 27 Jg., 2001, S. 643–650.

The Chicago Manual of Style. 15. Auflage. Chicago und London: Univ. of Chicago Press, 2003.

Deppe, Joachim: Die Technik des Gliederns wissenschaftlicher Arbeiten. In: *Wirtschaftswissenschaftliches Studium*. 21. Jg., 1992, S. 201–206.

Deutsche Nationalbibliothek: Deutsche Nationalbibliografie. http://www.d-nb.de/service/zd/dnb.htm, [Zugriff: 23.9.2008].

Deutsche Nationalbibliothek: Die Deutsche Nationalbibliothek im Überblick. http://www.d-nb.de/wir/ueber_dnb/dnb_im_ueberblick.htm, [Zugriff: 24.9.2008].

Duden: *Die deutsche Rechtschreibung. Auf der Grundlage der neuen amtlichen Rechtschreibregeln*. 24., völlig neu bearbeitete und erweiterte Auflage. Mannheim et al.: Dudenverlag, 2006.

Eco, Umberto: *Wie man eine wissenschaftliche Abschlußarbeit schreibt. Doktor-, Diplom- und Magisterarbeit in den Geistes- und Sozialwissenschaften.* 11., unveränd. Auflage. d. dt. Ausgabe. Heidelberg: Hüthig Jehle Rehm, 2005.

Google Scholar: Über Google Scholar. http://scholar.google.de/intl/de/scholar/about.html [Zugriff: 1.9.2008].

Gutenberg, Erich: *Einführung in die Betriebswirtschaftslehre.* Wiesbaden: Gabler, 1958.

Gutenberg, Erich: *Grundlagen der Betriebswirtschaftslehre. Band 1. Die Produktion.* 24., unveränd. Auflage. Berlin et al.: Springer, 1983.

Hacker, Rupert: *Bibliothekarisches Grundwissen.* 7., neu bearbeitete Auflage. München: Saur, 2000.

Harvard University Press: Manuscript Preparation: Author-Date Citations. [http://www.hup.harvard.edu/authors/pdf/aau_date.pdf, 2004, Zugriff: 1.9.2008].

Hehl, Hans: *Die elektronische Bibliothek. Literatur- und Informationsbeschaffung im Internet.* 2., überarb. und erw. Auflage. München : Saur, 2001.

Hoskisson, Robert E., Michael A. Hitte und William P. Wan: Theory and Research in Strategic Management: Swings of a Pendulum. In: *Journal of Management.* 25. Jg., Nr. 3, 1999. S. 417–456.

Karzauninkat, Stefan: *Die Suchfibel. Wie findet man Informationen im Internet?* 3. Auflage. Leipzig: Ernst Klett Verlag, 2002.

Katenkamp, Olaf: Quo vadis Wissensmanagement? In: *Arbeit – Zeitschrift für Arbeitsforschung, Arbeitsgestaltung und Arbeitspolitik.* Nr. 3, 2003. S. 16–35.

Kilger, Wolfgang und Kurt Vikas: *Flexible Plankostenrechnung und Deckungsbeitragsrechnung.* 10. vollst. überarb. und erw. Auflage. Wiesbaden: Gabler, 1993.

Kneschke, Anne: Die nationalbibliographische Literaturinformation in den USA. http://www.ib.hu-berlin.de/~pannier/HA_kneschke03.html [Zugriff: 1.9.2008].

Komitee Terminologie und Sprachfragen der Deutschen Gesellschaft für Informationswissenschaft und -praxis (Hrsg.): *Terminologie der Information und Dokumentation*, 2. Aufl., Frankfurt am Main: ohne Verlag, ohne Jahr. [Redaktion: Gerd Beling, Peter Port und Hildburg Strohl-Goebel] http://www.surendorf-team.de/ [Zugriff: 1.9.2008].

Krämer, Walter: *Wie schreibe ich eine Seminar-, Examens- und Diplomarbeit. Eine Anleitung zum wissenschaftlichen Arbeiten für Studierende aller Fächer an Universitäten, Fachhochschulen und Berufsakademien.* 4., erw. und aktual. Auflage. Stuttgart und Jena: Gustav Fischer, 1995.

Litke, Hans-Dieter: *Projektmanagement. Methoden, Techniken, Verhaltensweisen.* 3. überarb. und erw. Auflage. München und Wien: Hanser, 1995.

Luther, Martin: 95 Thesen an der Schlosskirche zu Wittenberg, 1517, http://www.luther.de/leben/anschlag/95thesen.html [Zugriff: 1.9.2008].

Mehrtens, Arnd: Methode/Methodologie. In: Hans Jörg Sandkühler et. al. (Hrsg.): *Europäische Enzyklopädie zu Philosophie und Wissenschaften.* Band 3. L-Q. Hamburg: Felix Meiner, 1999, S. 403–412.

Mette, Günter und Eva Schöppl: *Wie finde ich Literatur zu den Wirtschaftswissenschaften.* Berlin: Spitz, 1995.

Milling, Peter und Frank Maier: *Invention, Innovation und Diffusion. Eine Simulationsanalyse des Managements neuer Produkte.* Berlin: Duncker und Humblot, 1996.

Niederhauser, Jürg: *Die schriftliche Arbeit. Ein Leitfaden zum Schreiben von Fach-, Seminar- und Abschlussarbeiten in der Schule und beim Studium. Literatursuche, Materialsammlung und Manuskriptgestaltung mit vielen Beispielen.* 3., völlig neu erarb. Auflage. Mannheim et al.: Dudenverlag, 2000.

Otto, Michael: *Suchstrategien im Internet. Search Engines, Themenkataloge, Besprechungsdienste.* Bonn et al.: Internat. Thomson Publ., 1997.

Poenicke, Klaus: *Wie verfaßt man wissenschaftliche Arbeiten? Ein Leitfaden vom ersten Studiensemester bis zur Promotion*. 2., neu bearb. Auflage. Mannheim, Wien und Zürich: Dudenverlag, 1988.

Popper, Karl R.: *Alles Leben ist Problemlösen – Über Erkenntnis, Geschichte und Politik*. 7. Auflage. München und Zürich: Piper, 2002.

Popper, Karl R.: *Objektive Erkenntnis. Ein evolutionärer Entwurf*. 4., verb. und erg. Auflage. Hamburg: Hoffmann und Campe, 1998.

Popper, Karl R.: *Logik der Forschung*. 10., verb. u. vermehrte Auflage. Tübingen: Mohr, 1994.

Preißner, Andreas: *Wissenschaftliches Arbeiten*. 2., unwes. veränd. Auflage. München und Wien: Oldenbourg, 1998.

Schierenbeck, Henner und Claudia Wöhle: *Grundzüge der Betriebswirtschaftslehre*. 17., vollst. überarb. u. aktual. Auflage. München und Wien: Oldenbourg, 2008.

Schwarze, Jochen: *Projektmanagement mit Netzplantechnik*. 8. Auflage. Herne und Berlin: Neue Wirtschafts-Briefe, 2001.

Scirus: About Scirus, http://www.scirus.com/srsapp/aboutus [Zugriff: 12.9.2008]

Speck, Josef (Hrsg.): *Handbuch wissenschaftstheoretischer Begriffe*. Göttingen: Vandenhoeck & Ruprecht, 1980.

Standop, Ewald und Matthias L. G. Meyer: *Die Form der wissenschaftlichen Arbeit. Ein unverzichtbarer Leitfaden für Studium und Beruf*. 17., korr. und erg. Auflage. Wiebelsheim: Quelle und Meyer, 2004.

Stickel-Wolf, Christine und Joachim Wolf: *Wissenschaftliches Arbeiten und Lerntechniken*. 2., durchges. Auflage. Wiesbaden: Gabler, 2002.

Theisen, Manuel: *Wissenschaftliches Arbeiten. Technik – Methodik – Form*. 12. überarb. u. aktual. Auflage. München: Vahlen, 2005.

Thomson Dialog: Dissertation Abstracts Online, 2004 [http://library.dialog.com/bluesheets/pdf/bl0035.pdf, Zugriff: 1.9.2008].

Universität Mannheim: Prüfungsordnung der Universität Mannheim für den Bachelorstudiengang „Betriebswirtschaftslehre". http://www.bwl.uni-mannheim.de/uploads/media/ PO_B.Sc.BWL__Dez._03.pdf [Zugriff: 17.9.2008].

Vascoda: Home. http://www.vascoda.de [Zugriff: 1.9.2008].

Witte, Eberhard, Jürgen Hauschildt und Oskar Grün: *Innovative Entscheidungsprozesse. Die Ergebnisse des Projekts „Columbus".* Tübingen: Mohr, 1988.

Wöhe, Günter und Ulrich Döring: *Einführung in die allgemeine Betriebswirtschaftslehre.* 23., vollst. neu bearb. Auflage. München: Vahlen, 2008.

Zikmund, William G.: *Business Research Methods.* 7. Auflage. Mason (Ohio): Thomson, 2003.

Zoglauer, Thomas: *Einführung in die formale Logik für Philosophen.* Göttingen: Vandenhoeck und Ruprecht, 1999.

Anhang

Anhang A: Beispiel für das Titelblatt einer Master-Thesis

Optimierung von Portfolios international investierender Immobilienfonds

Master-Thesis
an der Frankfurt School of Finance & Management

eingereicht bei
Prof. Dr. Heinz Cremers
und
Prof. Dr. Thomas Heidorn

von
Nicole Strunkheide
Matrikelnummer: 9734501
Musterweg 99a
60314 Frankfurt am Main
Telefon: 069/12345678
E-Mail: strunkheide@fs-students.de

Frankfurt am Main, März 2006

Abbildung 18: Beispiel-Titelblatt für eine Master-Thesis

Anhang B: Beispiel für das Titelblatt einer Bachelor-Thesis

Anreizsysteme zur Mitarbeitersteuerung im Investmentbanking

Eine empirische Analyse am Beispiel der Commerzbank AG

Bachelor-Thesis
an der Frankfurt School of Finance & Management

eingereicht bei
Prof. Dr. Erich Barthel
und
Jutta Wollersheim, M.Sc.

von
Heinz Köhler
Matrikelnummer: 84000123
Pflaumenweg 11a
111111 Musterdorf
Telefon: 024/4567890
E-Mail: Heinz.Köhler@fs-students.de

Musterdorf, Juli 2008

Abbildung 19: Beispiel-Deckblatt für eine Bachelor-Thesis

Anhang C: Beispiel für das Titelblatt einer Seminararbeit

Die Balanced Scorecard als Instrument zur Unternehmenssteuerung

Seminararbeit im Fach Controlling
an der Frankfurt School of Finance & Management

eingereicht bei
Prof. Dr. Jürgen Strohhecker

von
Rudolf Grumm
Matrikelnummer: 8300799
Rosenbergweg 99
99999 Musterstadt
Telefon: 023/4567890
E-Mail: Rudolf.Grumm@fs-students.de

Musterstadt, März 2007

Abbildung 20: Beispiel-Deckblatt für eine Seminararbeit

Sachwortverzeichnis

(Hrsg.) 100, 103, 119, 122
a.a.O.-System 87
Abbildung 129, 131
Abbildungsverzeichnis 129
Aberkennung 83, 132
Abfrage 70
Abfragesprache 70
Abfragetechnik 69
Abgabe 31, 127
Abkürzung 77, 109, 126, 129, 130
Abkürzungsverzeichnis 129–30, 130
Abstract *Siehe* Kurzzusammenfassung
Adresse 127
Agentur 110
Aktualität 44
Albert, Hans 75
Allgemeinbibliografie 48
Allgemeinwissen 84, 85
Allsatz 27
Analyse, kritische 73
Anfangstermin 29, 32
Anführungszeichen 89, 90, 97, 104
Angaben, bibliografische 47
Anhang 41, 131
Anmerkung 106
Antithesis 76
Arbeit
    argumentierende 76
    empirisch-deskriptive 39
    empirische 31, 39
    erörternde 76
    literaturzentrierte 20, 25, 30, 39
    mathematische 130
    methodische 28
Arbeitsbericht *Siehe* Arbeitspapier
Arbeitsdauer 32
Arbeitspapier 23, 40, 44, 66
Arbeitsschritt 31
Archiv 47, 48
Argumentation 20, 75, 125
Argumentationskette 75, 78
Auflage 108, 109, 110, 112, 115, 117, 119, 120, 122
Aufsatz, wissenschaftlicher 23, 24
Ausblick 74
Ausdruck 32, 35, 38, 46, 56, 111
Ausgabe 51, 110, 115, 119, 122
Ausgewogenheit 78, 79
Auslassung 91–92, 93
Ausrufezeichen 93
Aussagesatz 26

Auswahlkriterien 47, 56
Auswertung 71, 73
    statistische 131
author-date method of citation 103
Autor 47, 54, 108, 109, 110, 111
Autoren, mehrere 100, 102, 104, 108, 112
Autor-Jahr-System 94, 95, 112
Autor-Titel-Jahr-System 94, 100, 101, 112, 114
    Direktes Zitieren von Text 95
    Indirektes Zitieren eines kompletten Satzes 96
    Sonderfälle 100
    Verweis auf eine längere Textstelle oder ein komplettes Werk 96
    Zitieren von Daten 99
    Zitieren von Gesetzestexten 97
    Zitieren von Grafiken oder Tabellen 98
Bachelor-Arbeit *Siehe* Bachelor-Thesis
Bachelor-Thesis 19, 127
    Umfang 133
Balkendiagramm 33
Basissatz 28
Begriffsbestimmung 77
Begutachtungsprozess 42, 43
Belastungsdiagramme 36
Belegtechnik 85
Beschriftung 129
Betreuer 21, 35, 124, 127, 129
Bewährung 28
Bewertungskriterium 133
Bibliografie 46, 47–53, 47, 87, 107, 108
    Allgemeinbibliografie 48
    annotierte 47
    Buchhandelsverzeichnis 52
    Fachbibliografie 50–51
    Hochschulschriftenverzeichnis 51–52
    Matabibliografie 48
    Nationalbibliografie 48–50, 51, 53
    Spezialbibliografie 51–52
    Zeitschriftenbibliografie 52
    Zeitschrifteninhaltsbibliografie 52
Bibliothek 47, 52, 53, 56, 57, 60
    Bibliothek der FS 57
    Bibliotheque Nationale de France 57
    British Library 57
    Deutsche Nationalbibliothek 35, 51, 56, 57
    Deutsche Zentralbibliothek für Wirtschaftswissenschaften 66
    Hessische Landesbibliothek Wiesbaden 58
    Library of Congress 50, 57
    National Agricultural Library 50

National Library of Medicine 50
Nationalbibliothek 48, 53, 56
Präsenzbibliothek 54
Stadt- u. Universitätsbibliothek Frankfurt 57
Universitäts- und Landesbibliothek Darmstadt 57
Universitäts- und Stadtbibliothek Köln 58
Universitätsbibliothek der Johannes Gutenberg-Universität Mainz 58
Universitätsbibliothek Mannheim 58
Universitätsbibliothek München 58
Bibliothekar 54, 68
Bibliotheksbestand 54
Bibliothekskatalog 53–60, 60, 68
Bibliotheksverbund 60
Bibliotheksverbund Bayern *Siehe* Verbundkatalog
Bibliotheque Nationale de France Siehe Bibliothek
Binden 22, 32, 38
Bindestrich 96
BLISS 61
Blockzitat 90
Bonmot 84
Brief 84
British Library Siehe Bibliothek
Brockhaus 40
Browsertechnologie 111
Buchbinder 35
Bücher 61
Buchhandel 52, 60
Buchhandelsverzeichnis 52
Bundesgesetzblatt 97
Bundesstaat 109, 113
Bürokratie 84
Büromaterial 37
BVB Siehe Bibliotheksverbund Bayern
Campus 61
CD-ROM 35, 40, 46, 48, 51, 52, 60, 61, 85, 86, 114, 118, 121
CD-ROM-Server 60
Chronologie 104
Code 131
Computer 129
Computerprogramm 131
Computertechnik 86
Copy Shop 35
Darstellung 98
Darstellung, eigene 98
Darstellungsüberschrift 98, 105
Darstellungsunterschrift 98, 105
Daten 89, 99, 104
    bibliografische 86
    primäre 26, 131
    statistische 85
Datenbank 46, 48, 51, 52, 62, 64, 65, 68, 70, 71
Datenbankproduzent 68

Datenleitung 61
Datennetz 86
Datenquelle 99
    magnetische 86
    optische 86
Datentabelle 131
Datenträger 40, 46, 61, 114
Debatte, wissenschaftliche 19
Deckblatt 127–28, 127, 128
Deckungsbeitragsrechnung, stufenweise 28
Deduktion 75
Deklination 70
Deskriptive Statistik 26
Deutsche Forschungsgemeinschaft 66
Deutsche Nationalbibliothek 68, *Siehe* Bibliothek
Deutsche Zentralbibliothek für Wirtschaftswissenschaften 58, 62
Deutschen Bundesbank 45
Deutschen Zentralbibliothek für Wirtschaftswissenschaften Siehe Bibliothek
DFG Siehe Deutsche Forschungsgemeinschaft
Dialektik 76
Die Deutsche Nationalbibliothek Siehe Bibliothek
Diebstahl, geistiger 83
DigiZeitschriften 62
DIN 1421 80
Diplomarbeit 19, 20, 84, 127, 133
Diskette 40, 46, 86
Diskussion, kritisch 42
Diskussion, kritische 17
Diskussionspapier 23, 40, 44, 66
Diskussionspapiere 62
Dissertation 17, 19, 21–23, 21, 22, 24, 42, 51, 131
Dissertation Abstracts Online 51
Dissertationen 62
Dokumentenlieferdienst 63, 64
Doppelpunkt 120
Dozent 127
Dreieck, strategisches 75
Drittmittel 24
Druckkostenzuschuss 22
Duden 94, 95, 96, 117, 130, 133
Durchwurstel-Technik 29
DVD 40, 46, 48, 86
EBSCO 63
EconBiz 65, 66
ECONIS 58, 61
Edelgas 80
EDV-Ausstattung 38
EDV-Verbrauchsmaterial 37
Ehrenkodex 107
Eiertanz 127
Einfachheit 94, 106
Einheitlichkeit 86

Sachwortverzeichnis 147

Einleitung 73, 77, 78
Einstiegsliteratur 41
Einzelfall 75
Einzelfallprüfung 46
Einzug 90, 123
ELSEVIER 63
E-Mail-Adresse 127
Emerald 63
Empfehlungsliste 107
Endnote 94
Endtermin 29, 32
Enzyklopädie 39, 40
Erfahrung 27, 28, 32
Erfindung 83
Erkenntnis, wissenschaftliche 17
Erkenntnisfortschritt 21, 43, 83
Erklärung 106
Erscheinungsbild 112
Erscheinungsdatum 110, 115, 119, 122
Erscheinungsjahr 95, 108, 109, 110, 112, 114, 115, 117, 118, 119, 120, 121, 122
Erscheinungsort 108, 109, 110, 112, 113, 115, 117, 119, 120, 122
Erscheinungsorte mehrere 109
Erscheinungsweise 52
Es-gibt-Satz 27
et al. 100, 102, 104, 109, 113
Experiment 28
Explorative Forschung 25
Fachaufsätze *Siehe* Fachzeitschriftenartikel
Fachausdruck 126
Fachbibliografie 50–51, 60
Fachbibliothek 66
Fachbuchkosten 38
Fachenzyklopädie 39, 40
Fachhochschule 57
Fachinformationszentrum Karlsruhe 62
Fachpublikum, wissenschaftliches 24
Fachterminus 77
Fachzeitschrift 42, 43, 94
Fachzeitschriftenartikel 19, 37, 40, 42, 43, 52, 114, 118
Fachzeitschriftenartikeln 121
Fahrtkosten 38
Fall, freier 84
Falschheit 27
Fälschung 99
Falsifikation 27
falsifizierbar 27
falsifizieren 28
Farblaserdrucker 35
Fehlerquelle 106
Fehlerrate 68
Fernleihe 37, 38
Fernsehen 86
Fernsehsendung 45
Festplatte 86

Festschrift 24, 43
Film 86
Filterfunktion 65
Finanzmittel 37
Firmenpublikation 40, 45
FIZ *Siehe* Fachinformationszentrum Karlsruhe
Fließtext 106
Fördermöglichkeit 37
Formalkatalog *Siehe* Katalog, alphabetischer
Formatieren 31, 95, 112, 114, 115, 119, 120, 121, 122, 130, 133
formatierungsgetreu 89
Formsache 132
Formvorschrift 133
Forschung
  deskriptiv 26
  empirische 85
  explorativ 26
  primäre 26
  theoriebildende 26
Forschung, theoriebildend 27
Forschung, theorieprüfend 27
Forschung, wissenschaftliche 24
Forschungsbericht 24, 42
Forschungsbetrieb 83
Forschungspapier 23
Forschungsprojekt 24
Forschungsstand 83
Fortschritt, technischer 86
Fotografie 85
Fotokopierkosten 38
Fragebogen 131
Fragezeichen 70
Frankfurt School of Finance & Management 55, 57
Frankfurter Allgemeinen Zeitung 45
Fremdwörter 126
Fußnote 86, 93, 94, 97, 98, 100, 103, 106, 124
Fußnotentext 94, 96, 98, 100, 103, 117
Fußnotenzeichen 94, 95, 96, 98
Gang der Untersuchung 77
GBI-Genios 61, 62
GBV *Siehe* Gemeinsamer Bibliotheksverbund
Gebrauchtzitat 90
Gedankengut, fremdes 83, 93, 95, 107
Gedankenstrich 96
Geleitwort 131
Gemeinsame Verbundkatalog *Siehe* Verbundkatalog
Gemeinsamer Bibliotheksverbund *Siehe* Verbundkatalog
Gerichtsentscheidung 40, 44
Geschäftsbericht 45, 114
Gesetz 84, 97, 98
Gesetzestext 40, 44, 97, 101, 105, 116
Gesetzmäßigkeit 28
Gespräch 76, 85, 129

Gliederung 31, 73, 77
Gliederungsfehler 80
Gliederungsform
　alphanummerisch 80, 81, 82
　nummerisch 80–81, 80, 82
Gliederungskriterium 54, 75, 76
Gliederungsprinzip 75
　Allgemeinheitsgrad 75
　Chronologie 75–76
　Dialektik 76
　Faktor 74
　Inhalt 74–75
　Methode 74
　Objekt 74
　Situation 74
Gliederungspunkt 128
Gliederungstiefe 77, 82
Global Books in Print 52
Globalisierung 84
Google 66
Google Scholar 66, 67
Grad, akademischer 83
Grafik 85, 98, 104, 105, 127
Grammatik 70, 91
Grammatikfehler 90
Grammatikkorrektur 92, 93
Grobraster 74
Grobstruktur 73
Großschreibung 91, 112
Grundgesamtheit 26
Grundregel des Zitierens 83
Gutenberg, Erich 88
GVK *Siehe* Gemeinsamer Verbundkatalog
Habilitation 22
Habilitationsordnung 22
Habilitationsschrift 19, 21–23, 22, 23, 24, 42, 51, 131
Halbfettschrift 92, 123
Handbuch 43
Handwörterbuch 40, 41, 71, 115, 119, 122
Harvard University Press 103, 120
Harvard-System 94, 95, 104, 112
Harvard-Universität 103
Harzing 43
Hauptprüfungsarbeit 20–21, 21, 32, 78, 107
　Umfang 133
Hauptsatz 125
Hauptteil 73, 74, 79
Haupttext 129, 131
Haupttitel 100
Hausarbeit 17
HBZ *Siehe* Verbundkatalog Nordrheinwestfalen
HEBIS *Siehe* Hessisches Bibliotheks-Informations-System
Heftnummer 109, 110, 114, 118, 121
Hegel 76
Herausgeber 43, 47, 103, 108, 110, 112

Herausgeberwerk 23, 40, 43, 44, 54, 109, 112,
　Siehe auch Sammelband
Herkulesaufgabe 29
Hervorhebung 89, 92–93, 93
Hessisches Bibliotheks-Informations-System
　Siehe Verbundkatalog
Heuhaufen 68
Hierarchiestufe 79
Hilfsmittel 35
Hochkomma 90
Hochschulschriftenverzeichnis 49, 51–52
Hochschulseminar 19
Hörfunksendung 45
HTML 68, 111, 112
Hume, David 75
HWB *Siehe* Handwörterbuch
Ich-Form 126, 127
Ich-Orgie 127
Idee, originäre 83
In Anlehnung an 98, 104
Individualie 26, 27
Induktionslogik 75
induktiv 75
Information
　bibliografische 108
　originäre 85
Informationsbroschüre 44
Ingenta 63
Inhaltsverzeichnis 68, 73, 128–29
Institut für Weltwirtschaft 51
Institution 100, 108, 109, 110, 111
interdisziplinär 60
Internet 40, 45, 46, 52, 54, 61, 64, 67, 70, 86, 110, 111, 116, 119, 123
Internetadresse 64, 110, 114
Internetdokument 111
Internetkatalog 64–68
Internetquelle 45–46, 110–12
Internetsuchmaschine 64, 65, 66, 67
Interview 45
JADE 64
Jahreszahl 104, 117
Jahrgang 114, 118, 121
Jahrgangsnummer 109
JASON 64
Johann-Wolfgang-Goethe-Universität 22, 69
Journal of Finance 17, 43
Journal Quality Lis 43
JSTOR 63
Juniorprofessur 22
juris GmbH 62
Karlsruher Virtueller Katalog *Siehe*
　Verbundkatalog
Kartei 47
Karteikarten 53
Katalog 46, 48, 71
　alphabetischer 54

Sachwortverzeichnis

elektronischer 53
Kreuzkatalog 55
Matakatalog 60
online 56, 57, 58
Online 53
systematischer 54
thematischer 64, 65
Typen 53
Kernbearbeitungsphase 31
Klammer
  eckige 93, 110, 114
  geschweift 127
  runde 81, 93, 103, 105, 112, 130
Kleinbuchstabe 81, 95, 103, 104, 106, 117
Kleinschreibung 91, 112
KOBV *Siehe* Verbundkatalog
Kodex 83
Kompetenz, inhaltliche 73
Komplexität 30
Konferenz 24
  Band 24, 43
  Beitrag 23, 46
  Konferenzpapier 44
  Vortrag 24, 85
Konjunktion 113
Kontrolle 34, 107
Konvention 86
Kooperativer Bibliotheksverbund Berlin-Brandenburg *Siehe* Verbundkatalog
Körperschaft 40, 44
Korrektor 111
Korrekturlesen 35, 36
Korrekturphase 107
Kostenart 37
Kostenexplosion 29
Kostenplanung 37–38, 37
Kostenrechnung 75
Kreativität 75, 84
Kreuzkatalog *Siehe* Katalog
Kritik 32, 39, 43, 44, 46
Kursivschrift 89, 92, 112, 114, 123
Kurzbelegmethode 86, 87
Kurzreferat 61
Kurzzitiertechnik 107
Kurzzusammenfassung 60
KVK *Siehe* Karlsruher Virtueller Katalog
Laufweite 95
Layout 106, 127, 133
Leerzeichen, geschütztes 95, 117
Lehrbefugnis 22
Lehrbuch 24, 40, 42
Lehrbuchautor 24, 107
Leideform *Siehe* Passiv
Lektorat 38
Lesbarkeit 92, 133
Lesefluss 91, 129
Lesefreundlichkeit 94, 108

Lexikon 39, 40, 71
LexisNexis 63
Library of Congress *Siehe* Bibliothek
Linkstrunkierung 71
Literaturbeschaffung 37
Literaturdatenbank 37, 60–64
Literaturkreis, geschlossener 71–72
Literaturrecherche 39, 41, 46, 47, 48, 54, 56, 60, 63, 73
Literaturstudium 39
Literaturübersicht 96, 106
Literaturversorgung 64
Literaturverzeichnis 71, 86, 87, 94, 98, 103, 107–24, 107, 109, 110, 111, 112, 122, 124, 132
Literaturzentriertheit 26, *Siehe auch* Arbeit, literaturzentrierte
Lobeshymne 131
Logo 127
Magisterarbeit 19, 20
Magnetband 86
Management Science 43
ManagementXtra 63
Man-Form 126
Mann, Thomas 125
Manuskript 43, 84
Maskierungszeichen 71
Master-Arbeit *Siehe* Master-Thesis
Master-Thesis 17, 19, 20, 51, 127
  Umfang 133
Matrikelnummer 127
Medientechnik 86
Meilenstein 31
Metabibliografien *Siehe* Bibliografie
MetaGer 67
Metakatalog *Siehe* Katalog
Metasuchmaschine 67
Methodenlehre 28
Microsoft Project 33
Microsoft Word 106
Mikrofiche 53
Modell
  mathematisches 131
  triadisches 76
Modewort 126
Monografie 19, 23–24, 24, 40, 42, 43, 61
Moral 107
Motto 131
MUSE 63
Nachname 103, 104
Name 112, 114, 115, 116, 117, 118, 119, 120, 121, 122, 123
National Union Catalog 50
Nationalbibliografie *Siehe* Bibliografie
Nationalbibliothek *Siehe* Bibliothek
Naturgesetz 28
Nebensatz 125

Sachwortverzeichnis

Netzplantechnik 31
Neuigkeitsgrad 21, 39
Nominalkatalog *Siehe* Katalog, alphabetischer
Nordamerika 109
Nützlichkeit 28
Nutzungsrecht 21
o. J. 109
o. O. 109
o. V. 100, 103, 109, 110, 116
o. Verl. 109
Objektivität 17
Öffentliche Verwaltung 44
Online-Buchlieferant 52
Online-Kosten 37
Online-Schlagwortnormdatei 69
Online-Zeit 61
Online-Zeitschrift 52
OPAC 51, 53, 54, 55, 57, 58, 69
Organisation 100, 103, 112, 116
Orientierungsphase 31
Original 89, 90, 96, 99, 107, 111
Originalaussage 92
Originalität 91
Originalquelle 84
Originaltext 91
Originaltitel 114
Ort 109, 113, 127
Paragraph 84, 97
Passiv 126
PDF 67, 68, 112
Pflichtexemplar 49
Pflichtexemplare 49
Phänomen 25, 26
Planung 29–38, 29, 30, 31, 34, 37
Platon 76
Platzbedarf 87, 98
Pluarlis Modestatis 126
Popper, Karl R. 27, 73, 75
Portal
    Internetportal 65
    Themenportal 65, 66
Portokosten 38
Postscript 67
Präposition 112
Präsenzbibliothek *Siehe* Bibliothek
Primärliteratur 46
Privatdozent 22
Problematisierungsniveau 42
Problemstellung 17, 20, 23, 25, 51, 68, 73, 74, 75, 125
Projekt 29, 31, 34, 52
Projektkrankheit 34
Projektmanagement 29, 33, 36
Projektstrukturplan 29, 30, 31, 32
Promotionsordnung 21, 22
Promotionsprüfung 21
ProQuest 63

Prosa 125
Prozentzeichen 111
Prüfinstrument 28
Prüfung, kritische 27, 39
Prüfungsamt 132
Prüfungsausschuss 21
Prüfungsleistung 17, 18
Prüfungsordnung 107, 133
Prüfungsorganisation 31
Publikation
    fremdsprachig 112
Punkt 111
Qualität 29, 44
Quartalsbericht 45
Quelle 71
    amtliche 97
    Internet 110
    Internetquelle 110–12
    primäre 46
    sekundäre 46, 90
    selbstständig erschienen 108–9, 112
    tertiäre 46
    unselbstständig erschienen 109
    unveröffentlichte 84, 85
    verarbeitete 107
Quellenangabe 86, 98, 103, 104, 110
    verkürzte 104
Quellennachweis 101, 106
Quellenverweis 95, 103, 104, 105, 107, 117
Quellenverzeichnis 47, 107, *Siehe auch* Literaturverzeichnis
Rangliste 43
Recherche 39
    offline 52, 60
    online 51, 52, 61, 64
Rechercheoberfläche 63, 67
Recherchestrategie 68–72
Recherchieren 31
Rechtschreibfehler 90
Rechtschreibung
    alte 90
    neue 90
Rechtspersönlichkeit 100
Rechtsquelle 44, 98
Rechtsquellenverzeichnis 98
Rechtstrunkierung 71
Redundanzfreiheit 94
Referent *Siehe* Betreuer
Referenz 93
Regel 28, 77, 80, 83, 84, 89, 95, 96, 120, 130
Reihe H 51
report-online 62
Ressource 29, 35
Ressourcenplanung 33, 35–37, 35, 36, 37, 38
Rezension 47
Rhein-Main-Gebiet 57
Richtigkeit 27, 86

Sachwortverzeichnis 151

Richtwerte 31
Rigorosum 21
Robots 64
Rückblick 74
Rückwärtsterminierung 32
Rundfunk 86
Sachgebiet 48
Sachkatalog 54
Sachtitel 54
Sammelband 23, 43, 44, 100, 102, 110, 115, 119, 122, *Siehe auch* Herausgeberwerk
Sammelbandbeitrag 23
Sammelwerken 62
Satz
  allgemeiner 26
  besonderer 26
Satzanfang 130
Schachtelsatz 125
Schlagwort 54, 68, 69, 70
Schlagwortindex 68
Schlagwortkatalog 54
Schlagwortnormdatei 68
Schlagwortrecherche 68–69, 71
Schlagwortsuche 70, 71
Schluss 73
Schlussteil 73, 79
Schlusszeichen 95
Schneeballprinzip 71–72
Schneeballrecherche 71, 72
Schnelllieferdienst 37
Schnittmenge 70
Schrägstrich 102, 111, 117
Schreiben 31
Schreibmaschine 129
Schreibservice 38
Schreibstil 131
Schriftbild 111
Schriftform 17
Schriftgröße 101, 133
Schriftsatz 95, 96, 133
Schule, wissenschaftliche 25
ScienceDirect 63
Scirus 67
Section C 51
Seitenangabe 95, 103
Seitenbereich 109, 110, 114, 115, 118, 119, 121, 122
Seitenrand 133
Seitenzahl 112, 128, 129
Seitenzählung 128
Sekundärliteratur 46
Selbstbezug 126
Selektionskriterium
  fachbezogenes 47
  regionales 47
  zeitraumbezogenes 47
Seminar 19, 20

Seminararbeit 17, 19–20, 19, 20, 78, 84, 107, 127
  Umfang 133
  Siehe 97, 104
Silbentrennung 90
Sisyphos-Syndrom 29
Skriptenverlag 42
Sortierung
  alphabetisch 108
Sp. 115
Spalte 115
Sperrung 89
Spezialbibliografie 51–52
Spider 64
Sprachaufzeichnung 85
Sprache
  Fachsprache 126
  natürliche 26
  Symbolsprache 26
  Umgangssprache 125, 129
  Wissenschaftssprache 126
Sprichwort 131
SpringerLink 63
Standort 53, 55
Standortangabe 47
Standortkatalog 54
Standortsignatur 55
Statistiken 62
Statistischen Bundesamt 45
Stern 70
Steuerung, zielorientiert 34
Stichwort 41
Stichwortkatalog 54
Stichwortrecherche 69–71, 71
Stichwortsuche 70, 71
Stil
  journalistischer 125
  prosaischer 125
Strategiepapier 45
Struktur 73, 74, 76
Strukturieren 31
Strukturierung 73, 74, 75
Strukturierungsarbeit 77
Studie, empirische 131
Studienarbeit 17, 19, 20
Studium, akademisches 17
subito 37, 59, 64
Suchergebnis 56
Suchmaschine *Siehe* Internetsuchmaschine
Suchmaschinenverzeichnis 67
Suchmaske 56, 71
Suchmöglichkeit 53
Suchstrategie 64, 67
Südwestdeutscher Bibliotheksverbund Siehe Verbundkatalog
SWB *Siehe* Südwestdeutscher Bibliotheksverbund

Sachwortverzeichnis

Symbol 81, 130
Symbolverzeichnis 130
Synthesis 76
Tabelle 85, 98, 104, 105, 129, 131
Tabellenverzeichnis 129
Tagungsband 43, 46
Tatsachenaussage 19
Tatsachenbericht 45
Tatsachenfeststellung 26
Tatsacheninformationen 44
Täuschung 132
Technische Universität Darmstadt 58
Technische Universität München 52
Telefon 127
Telefonkosten 37
Terminierung 35
Terminplanung 31
Terminüberschreitung 29
Tertiärliteratur 40, 41, 46
Textteil 131
Textverarbeitungssoftware 80, 133
Textverständnis 131
The Dialog Corporation 62
The Encyclopaedia Britannic 40
Theisen-System 87
Themenstellung 19, 31
Theorie 26, 73, 75
    empirisch 27
    metaphysisch 27, 28
These 18, 19
Thesenpapier 17, 18–19, 18, 19
Thesis 76
Thomson 63
Titel 47, 52, 54, 95, 108, 109, 110, 111, 112, 114, 115, 116, 117, 118, 119, 120, 121, 122, 123, 127
Titelauszug 95
Titelbibliografie 47
Titelblatt 128
Titelseite 127
Trefferliste 67
Triade 76
Trunkierungszeichen 70
Überblicksbeitrag 41
Überschrift 73, 77, 105
Übersichtlichkeit 86
Umfangskontrolle 129
Unausgewogenheit 79
Universalie 27
Universität Hannover 67
Universität Kiel 51
Universität Köln 58
Universität Mannheim 58
Universität München 58
Universitäts- und Stadtbibliothek Köln 66
Universitätsbibliothek Regensburg 52
Untergliederung 108

Unternehmen 100
Unternehmensleitbild 45
Unternehmensstrategie 45
Unterschrift, eigenhändige 132
Unterstreichung 92
Untertitel 47, 54, 108, 109, 110, 111, 112, 114, 115, 116, 117, 118, 119, 120, 121, 122, 123, 127
Urheber, fehlende Angabe 109
Urhebergesetz 107
Urheberrecht 83, 100
Urheberschaft 107
URL 111, 116, 119, 123
Vascoda 65
Verbandspublikation 40, 45
Verbot 27
Verbundkatalog 58
    Bibliotheksverbund Bayern 58
    Gemeinsamer Bibliotheksverbund 59
    Gemeinsamer Verbundkatalog 59
    Hessisches Bibliotheks-Informations-System 59
    Karlsruher Virtueller Katalog 60
    Kooperativer Bibliotheksverbund Berlin-Brandenburg 59
    Südwestdeutscher Bibliotheksverbund 59
    Verbundkatalog Nordrheinwestfalen 59
Verbundkatalog Nordrheinwestfalen Siehe Verbundkatalog
Vereinigte Staaten von Amerika 50, 113
Verfälschung 92
Verfälschungsverbot 92
Verfasser, namentlich unbekannt 100, 103
Verfassername 54, 127
Verlag 22, 52, 108, 110, 112, 115, 117, 119, 120, 122
Verlagsort 108, 110, 112, 113, 115, 117, 119, 120, 122
Veröffentlichung, elektronische 22
Veröffentlichungsjahr 103
Veröffentlichungspflicht 21, 22
Verordnung 40, 44, 97
Verschwiegenheitspflicht 21
Versicherung, eidesstattliche 132
Verständlichkeit 93, 125
Vertrag 84
Verwaltung, öffentliche 40
Verweisliste 46
Verwendungsverbot 85
Verzeichnis lieferbarer Bücher 52
Vgl. 96, 97, 98, 104
VHB-JOURQUAL 2 43
Videoaufzeichnung 85
Vierdimensionalität 85
Vision 45
Vollbelegmethode 86, 87
Vollständigkeit 86

Sachwortverzeichnis

Volltext 60, 66
Volltextzeitschriften 52
Vorlesungsskript 84
Vorname 112, 114, 115, 116, 120, 121, 122, 123
Vortext 129, 131
Vorwort 131
Wahrig 40
Web.de 65
Wertung 26
Wertung, subjektive 19
Wettbewerbsfähigkeit 75
Wettbewerbsfaktor 84
Widerspruchsfreiheit 28
Widmung 131
Wikipdia 40
Wir-Form 126
Wirtschaftswissenschaft 51, 58
WISO-Wirtschaftswissenschaften 61
Wissenschaftlichkeit 125
Wissenschaftsprozess 17, 42
Wissensstand 41, 77
WiWi-Online 66
WiWi-TReFF 66
Wörterbuch 39, 40
wortgetreu 89
Wunsch 26
WWW-Verweise 60
Xenon 79
XML 112
Yahoo 65
ZBW *Siehe* Deutsche Zentralbibliothek für Wirtschaftswissenschaften
Zeichenfolge 70
Zeichenformatierung 89, 90
zeichengetreu 89
Zeichensetzungsfehler 90
Zeilenabstand 133
Zeilenumbruch 96
Zeilenwechsel 111
Zeitdauer 32
Zeitplan 29, 31, 32, 33, 34
Zeitplanung 29–34, 31, 32, 35, 38
Zeitrechnung, retrograd *Siehe* Rückwärtsterminierung
Zeitschrift 52, 58, 60, 94, 109, 114, 118, 121
  wissenschaftliche 23, 114, 121
Zeitschrift für Betriebswirtschaft 17, 43
Zeitschrift für betriebswirtschaftliche Forschung 43
Zeitschrift für Führung und Organisation 43
Zeitschriften 61
Zeitschriftenartikel 40, 44, 45, 87, 109
Zeitschriftenbibliografie 51, 52
Zeitschriftenbibliothek, elektronische 52
Zeitschrifteninhaltsbibliografie 52
Zeitschriftenrangliste 43
Zeitung 110, 115, 119, 122
Zeitungsartikel 40, 45, 100, 103, 109, 110, 115, 119, 122
Zettelkatalog 48
Ziffer
  arabische 128
  römische 81, 128
Zitat 91, 92
  direktes 86, 89–93, 90, 104, 108
  direktes, modifiziertes 91–93
  indirektes 86, 93–94, 104, 108
Zitieren 83, 86
  Art 85
  fehlerhaftes 83
  Objekt 85
  Quelle 85
  Technik 85
Zitierfähigkeit 40, 41, 44, 45, 84
Zitier-Muss 84
Zitiertechnik 86, 90, 93, 107
  Anforderungen an die 86
  Autor-Jahr-System 100–103
  Autor-Titel-Jahr-System 95–100
  Harvard-System 103–6
  Typen 87
Zugänglichkeit 46
Zugriff 116, 119
Zugriffsdatum 111, 114, 116, 119, 123
Zumutbarkeit 114
Zusammenfassung 68
Zusatzinformation 106
Zweckmäßigkeit 28
Zweitgutachter 127
Zwischenbericht 45

Über den Autor

Professor Dr. Jürgen Strohhecker ist seit 1999 Professor für Allgemeine Betriebswirtschaftslehre, Produktionswirtschaft und Controlling an der Frankfurt School of Finance & Management. Von Januar bis August 2002 forschte er als Visiting Research Fellow an der London Business School. Seit 2005 fungiert Jürgen Strohhecker als Sprecher des Management Research Centers der Frankfurt School. Er ist seit 2006 Vorstand für System Dynamics in Forschung und Lehre der Deutschen Gesellschaft für System Dynamics e. V. und Mitglied in zahlreichen wissenschaftlichen Vereinigungen. Professor Strohhecker ist als Gutachter für wissenschaftliche Zeitschriften (u. a. System Dynamics Review) und Konferenzen (International Conference of the System Dynamics Society) tätig. Er publiziert seine Forschungsergebnisse in Büchern und wissenschaftlichen Zeitschriften und präsentiert auf nationalen und internationalen Konferenzen.